(c.)

LE CHEVALIER
D'HARMENTAL.

Ouvrages du même auteur.

IMPRESSIONS DE VOYAGE. . . . . . 5 vol. in-8.
NOUVELLES IMPRESSIONS DE VOYAGE . 3 vol. in-8.
ISABEL DE BAVIÈRE. . . . . 2 vol. in-8.
MAITRE ADAM LE CALABRAIS . . . . 1 vol. in-8.
OTHON L'ARCHER . . . . 1 vol. in-8.
LE MAITRE D'ARMES. . . . . . . 3 vol. in-8.
PRAXÈDE. . . . . 1 vol. in-8.
LA COMTESSE DE SALISBURY . . . . 2 vol. in-8.
SOUVENIRS D'ANTONY . . . . . . 1 vol. in-8.
PAULINE ET PASCAL BRUNO. . . . . 2 vol. in-8.
LE CAPITAINE PAUL . . . . 2 vol. in-8.
QUINZE JOURS AU SINAI . . . . . . 2 vol. in-8.
ACTÉ . . . . 2 vol. in-8.
AVENTURES DE JOHN DAVYS. . . . . 4 vol. in-8.
LES STUARTS. . . . . 2 vol. in-8.
UNE ANNÉE A FLORENCE . . . . . . 2 vol. in-8.
LE CAPITAINE PAMPHILE. . . . . . 2 vol. in-8.
EXCURSIONS SUR LES BORDS DU RHIN. 2 vol. in-8.

Sous presse :

Le tome 3e et dernier des EXCURSIONS SUR LES BORDS DU RHIN.

LE SPÉRONARE.

LAGNY. — Imp. d'Aug. LAURANT.

LE CHEVALIER

D'HARMENTAL

PAR

ALEXANDRE DUMAS.

I.

PARIS,
DUMONT, ÉDITEUR,
PALAIS-ROYAL, 88, AU SALON LITTÉRAIRE.

1842.

I.

LE CAPITAINE ROQUEFINETTE.

Le 22 mars de l'an de grâce 1718, jour de la mi-carême, un jeune seigneur de haute mine, âgé de 26 à 28 ans, monté sur un beau cheval d'Espagne, se tenait, vers les huit heures du matin, à l'extrémité du Pont-Neuf qui aboutit au quai de l'École. Il était si droit et si ferme en selle qu'on eût dit qu'il avait été placé là en sentinelle par le lieutenant général de la police du royaume, messire Voyer d'Argenson.

Après une demi-heure d'attente à peu près, pendant laquelle on le vit plus d'une fois interroger des yeux avec impatience l'horloge de la Samaritaine, son regard, errant jusque là, parut s'arrêter avec satisfaction sur un individu qui, débouchant de la place Dauphine, fit demi-tour à droite et s'achemina de son côté.

Celui qui avait eu l'honneur d'attirer ainsi l'attention du jeune cavalier était un grand gaillard de cinq pieds huit pouces, taillé en pleine chair, portant au lieu de perruque une forêt de cheveux noirs parsemée de quelques poils gris, vêtu d'un habit moitié bourgeois, moitié militaire, orné d'un nœud d'épaule qui primitivement avait été ponceau, et qui, à force d'être exposé à la pluie et au soleil, était devenu jaune orange. Il était en outre armé d'une longue épée passée en verrou, et qui lui battait formidablement le gras des jambes; enfin il était coiffé d'un chapeau autrefois garni d'une plume et d'un galon, et qu'en souvenir sans doute de sa splendeur passée, son maître portait tellement incliné sur l'oreille gauche qu'il semblait ne pouvoir rester dans cette position que par un miracle d'équilibre. Il y avait au reste dans la figure, dans la démarche, dans le port, dans tout l'ensemble enfin de cet homme, qui paraissait âgé de quarante-cinq à quarante-six ans, et qui s'avançait tenant le haut du pavé, se dandinant sur la hanche, frisant d'une main sa moustache, et faisant de l'autre signe aux voitures de passer au large, un tel caractère d'insolente insouciance, que celui qui le suivait des yeux ne put s'empêcher de sourire et de murmurer entre ses dents :

— Je crois que voilà mon affaire !

En conséquence de cette probabilité, le jeune seigneur marcha droit au nouvel arrivant avec l'intention visible de lui parler. Celui-ci, quoiqu'il ne connût aucunement le cavalier, voyant que c'était à lui qu'il paraissait avoir affaire, s'arrêta en face de la Samaritaine, avança son pied droit à la troisième position et attendit, une main à son épée et l'autre à sa moustache, ce qu'avait à lui dire le personnage qui venait ainsi à sa rencontre.

En effet, comme l'avait prévu l'homme aux rubans oranges, le jeune seigneur arrêta son cheval en face de lui, et portant la main à son chapeau : — Monsieur, lui dit-il, j'ai cru reconnaître à votre air et à votre tournure que vous étiez gentilhomme. Me serais-je trompé ?

— Non, palsambleu, Monsieur, répondit celui à qui était adressée cette étrange question en portant à son tour la main à son feutre. Je suis vraiment fort aise que mon air et ma tournure parlent si hautement pour moi, car pour peu que vous croyiez devoir me donner le titre qui m'est dû, vous m'appellerez capitaine.

— Enchanté que vous soyez homme d'épée, Monsieur, reprit le cavalier en s'inclinant de nouveau. Ce m'est une certitude de plus que vous êtes incapable de laisser un galant homme dans l'embarras.

— Soyez le bienvenu, pourvu que ce ne soit pas cependant à ma bourse que ce galant homme ait recours, car je vous avouerai en toute franchise que je viens de laisser mon dernier écu dans un cabaret du port de la Tournelle.

— Il ne s'agit aucunement de votre bourse, capitaine, et c'est la mienne au contraire, je vous prie de le croire, qui est à votre disposition.

— A qui ai-je l'honneur de parler? demanda le capitaine, visiblement touché de cette réponse, et que puis-je faire qui vous soit agréable?

— Je me nomme le baron René de Valef, répondit le cavalier.

— Pardon, monsieur le baron, interrompit le capitaine, mais je crois avoir, dans les guerres de Flandre, connu une famille de ce nom.

— C'est la mienne, Monsieur, attendu que je suis Liégeois d'origine.

Les deux interlocuteurs se saluèrent de nouveau.

— Vous saurez donc, continua le baron de Valef, que le chevalier Raoul d'Harmental, un de mes amis intimes, a ramassé cette nuit, de compagnie avec moi, une mauvaise querelle qui doit finir ce matin par une rencontre ; nos adversaires étaient trois et nous n'étions que deux. Je me suis donc rendu ce matin chez le marquis de Gacé et chez le comte de Surgis, mais par malheur ni l'un ni l'autre n'avaient passé la nuit dans son lit, si bien que comme l'affaire ne pouvait pas se remettre, attendu que je pars dans deux heures pour l'Espagne et qu'il nous fallait absolument un second ou plutôt un troisième, je suis venu m'installer sur le Pont-Neuf avec l'intention de m'adresser au premier gentilhomme qui passerait. Vous êtes passé, je me suis adressé à vous.

— Et vous avez, pardieu, bien fait ! Touchez là, baron, je suis votre homme. Et pour quelle heure, s'il vous plaît, est la rencontre ?

— Pour neuf heures et demie, ce matin.

— Où la chose doit-elle se passer?

— A la porte Maillot.

— Diable! il n'y a pas de temps à perdre! Mais vous êtes à cheval et moi à pied : comment allons-nous arranger cela?

— Il y aurait un moyen, capitaine.

— Lequel?

— C'est que vous me fissiez l'honneur de monter en croupe.

— Volontiers, monsieur le baron.

— Je vous préviens seulement, ajouta le jeune seigneur avec un léger sourire, que mon cheval est un peu vif.

— Oh! je le reconnais, dit le capitaine en se reculant d'un pas et jetant sur le bel animal un coup d'œil de connaisseur. Ou je me trompe fort, ou il est né entre les montagnes de Grenade et la Sierra-Morena. J'en montais un pareil à Almanza, et je l'ai plus d'une fois fait coucher comme un mouton quand il voulait m'emporter au galop, et cela rien qu'en le serrant avec mes genoux.

— Alors vous me rassurez. A cheval donc, capitaine, et à la porte Maillot !

— M'y voilà, monsieur le baron.

Et, sans se servir de l'étrier que lui laissait libre le jeune seigneur, d'un seul élan, le capitaine se trouva en croupe.

Le baron avait dit vrai. Son cheval n'était point habitué à une si lourde charge. Aussi essaya-t-il d'abord de s'en débarrasser ; mais le capitaine non plus n'avait point menti, et l'animal sentit bientôt qu'il avait affaire à plus forts que lui, de sorte qu'après deux ou trois écarts qui n'eurent d'autres résultats que de faire valoir aux yeux des passants l'adresse des deux cavaliers, il prit le parti de l'obéissance et descendit au grand trot le quai de l'École, qui, à cette époque, n'était encore qu'un port, traversa, toujours du même train, le quai du Louvre et le quai des Tuileries, franchit la porte de la Conférence, et, laissant à gauche le chemin de Versailles, enfila la grande avenue des Champs-Élysées, qui conduit aujourd'hui à l'Arc de triomphe de l'Étoile. Parvenu au pont d'Antin, le baron de Valef ralentit un peu l'allure de son cheval, car il vit qu'il avait tout le temps d'arriver à la porte Maillot vers l'heure convenue. Le capitaine profita de ce moment de répit.

— Maintenant, Monsieur, sans indiscrétion, dit-il, puis-je vous demander pour quelle raison nous allons nous battre ? J'ai besoin, vous comprenez, d'être instruit de cela pour régler ma conduite envers mon adversaire et pour savoir si la chose vaut la peine que je le tue.

— C'est trop juste, capitaine, répondit le baron. Voici les faits tels qu'ils se sont passés. Nous soupions hier soir chez la Fillon. Il n'est pas que vous ne connaissiez la Fillon, capitaine ?

— Pardieu ! c'est moi qui l'ai lancée dans le monde, en 1705, avant mes campagnes d'Italie.

— Eh bien ! répondit en riant le baron, vous pouvez vous vanter, capitaine, d'avoir

formé là une élève qui vous fait honneur !
Bref, nous soupions donc chez elle, tête à
tête avec d'Harmental.

— Sans aucune créature du beau sexe ? demanda le capitaine.

— Oh ! mon Dieu, oui. Il faut vous dire
que d'Harmental est une espèce de trappiste,
n'allant chez la Fillon que de peur de passer
pour n'y point aller, n'aimant qu'une femme
à la fois, et amoureux pour le quart d'heure
de la petite d'Averne, la femme du lieutenant
aux gardes.

— Très-bien.

— Nous étions donc là parlant de nos affaires, lorsque nous entendîmes une joyeuse société qui entrait dans le cabinet à côté du nôtre. Comme ce que nous avions à nous dire
ne regardait personne, nous fîmes silence, et
ce fut nous qui sans le vouloir écoutâmes la
conversation de nos voisins. Or, voyez ce que
c'est que le hasard ! nos voisins parlaient justement de la seule chose qu'il aurait fallu que
nous n'entendissions pas.

— De la maîtresse du chevalier, peut-être?

— Vous l'avez dit. Aux premiers mots qui m'arrivèrent de leur discours, je me levai pour emmener Raoul, mais au lieu de me suivre, il me mit la main sur l'épaule et me fit rasseoir : Ainsi donc, disait une voix, Philippe en tient pour la petite d'Averne?

— Depuis la fête de la maréchale d'Estrées, où, déguisée en Vénus, elle lui a donné un ceinturon d'épée accompagné de vers où elle le comparait à Mars.

— Mais il y a déjà huit jours, dit une troisième voix.

— Oui, répondit la première. Oh! elle a fait une espèce de défense, soit qu'elle tînt véritablement à ce pauvre d'Harmental, soit qu'elle sût que le régent n'aime que ce qui lui résiste. Enfin, ce matin, en échange d'une corbeille pleine de fleurs et de pierreries, elle a bien voulu répondre qu'elle recevrait ce soir Son Altesse. »

— Ah! ah! dit le capitaine, je commence à comprendre. Le chevalier s'est fâché.

— Justement, au lieu d'en rire, comme nous aurions fait vous ou moi, du moins, je l'espère, et de profiter de cette circonstance pour se faire rendre son brevet de colonel, qu'on lui a ôté sous le prétexte de faire des économies, d'Harmental devint si pâle que je crus qu'il allait s'évanouir. Puis, s'approchant de la cloison et frappant du poing pour qu'on fît silence :

— Messieurs, dit-il, je suis fâché de vous contredire, mais celui de vous qui a avancé que madame d'Averne avait accordé un rendez-vous au régent ou à tout autre, en a menti !

— C'est moi, Monsieur, qui ai dit la chose et qui la soutiens, répondit la première voix, et s'il y a en elle quelque chose qui vous déplaise, je me nomme Lafare, capitaine aux gardes.

— Et moi, Fargy, dit la seconde voix.

— Et moi, Ravanne, dit la troisième voix.

— Très-bien, Messieurs, reprit d'Harmental. Demain, de neuf heures à neuf heures et demie, à la porte Maillot. Et il vint se rasseoir en face de moi. Ces messieurs parlèrent d'autre chose, et nous achevâmes notre souper. Voilà toute l'affaire, capitaine, et vous en savez maintenant autant que moi.

Le capitaine fit entendre une espèce d'exclamation qui voulait dire : Tout cela n'est pas bien grave ; mais malgré cette demi-désapprobation de la susceptibilité du chevalier, il n'en résolut pas moins de soutenir de son mieux la cause dont il était devenu si inopinément le champion, quelque défectueuse que cette cause lui parût dans son principe. D'ailleurs en eût-il eu l'intention, il était trop tard pour reculer. On était arrivé à la porte Maillot, et un jeune cavalier, qui paraissait attendre et qui ayant aperçu de loin le baron et le capitaine, venait de mettre son cheval au galop et s'approchait rapidement. C'était le chevalier d'Harmental.

— Mon cher chevalier, dit le baron de Valef en échangeant avec lui une poignée de main, permets qu'à défaut d'un ancien ami, je t'en présente un nouveau. Ni Surgis ni Gacé n'étaient à la maison. J'ai fait rencontre de Monsieur sur le Pont-Neuf, je lui ai exposé notre embarras, et il s'est offert à nous en tirer avec une merveilleuse grace.

— C'est donc une double reconnaissance que je te dois, mon cher Valef, répondit le chevalier en jetant sur le capitaine un regard dans lequel perçait une légère nuance d'étonnement, et à vous, Monsieur, continua-t-il, des excuses de ce que je vous jette ainsi tout d'abord et pour faire connaissance dans une si méchante affaire ; mais vous m'offrirez un jour ou l'autre l'occasion de prendre ma revanche, je l'espère, et je vous prie, le cas échéant, de disposer de moi comme j'ai disposé de vous.

— Bien dit, chevalier, répondit le capitaine en sautant à terre, et vous avez des manières avec lesquelles on me ferait aller au bout du monde. Le proverbe a raison, il n'y a que les montagnes qui ne se rencontrent pas.

— Quel est cet original? demanda tout bas d'Harmental à Valef tandis que le capitaine marquait des appels du pied droit pour se remettre les jambes.

— Ma foi! je l'ignore, dit Valef, mais ce que je sais, c'est que sans lui nous étions fort empêchés. Quelque pauvre officier de fortune, sans doute, que la paix a mis à l'écart comme tant d'autres. D'ailleurs, nous le jugerons tout à l'heure à la besogne.

— Eh bien! dit le capitaine, s'animant à l'exercice qu'il prenait, où sont nos muguets chevaliers? Je me sens en veine ce matin.

— Quand je suis venu au devant de vous, répondit d'Harmental, ils n'étaient point encore arrivés; mais j'apercevais au bout de l'avenue une espèce de carrosse de louage qui leur servira d'excuse s'ils sont en retard. Au reste, ajouta le chevalier en tirant de son gousset une très-belle montre garnie de brillants, il n'y a point de temps perdu, car, à peine s'il est neuf heures et demie.

— Allons donc au devant d'eux, dit Valef en descendant à son tour de cheval, et en jetant la bride aux mains du valet de d'Harmental ; car, s'ils arrivaient au rendez-vous tandis que nous bavardons ici, c'est nous qui aurions l'air de nous faire attendre.

— Tu as raison, dit d'Harmental.

Et mettant pied à terre à son tour, il s'avança vers l'entrée du bois, suivi de ses deux compagnons.

— Ces Messieurs ne commandent rien ? demanda le propriétaire du restaurant, qui se tenait sur la porte, attendant pratique.

— Si fait, maître Durand, répondit d'Harmental, qui ne voulait pas, de peur d'être dérangé, avoir l'air d'être venu pour autre chose que pour une promenade. Un déjeûner pour trois ! Nous allons faire un tour d'allée et nous revenons.

Et il laissa tomber trois louis dans la main de l'hôtelier.

Le capitaine vit reluire l'une après l'autre les trois pièces d'or, et calcula avec la rapidité d'un amateur consommé ce que l'on pouvait avoir au bois de Boulogne pour soixante-douze livres; mais comme il connaissait celui à qui il avait affaire, il jugea qu'une recommandation de sa part ne serait point inutile; en conséquence, s'approchant à son tour du maître d'hôtel :

— Ah çà, gargotier mon ami, lui dit-il, tu sais que je connais la valeur des choses et que ce n'est point à moi qu'on en peut faire accroire sur le total d'une carte. Que les vins soient fins et variés, et que le déjeûner soit copieux, ou je te casse les os! Tu entends?

— Soyez tranquille, capitaine, répondit maître Durand; ce n'est pas une pratique comme vous que je voudrais tromper.

— C'est bien. Il y a douze heures que je n'ai mangé: règle-toi là dessus.

L'hôtelier s'inclina en homme qui savait ce que cela voulait dire, et reprit le chemin de sa cuisine, commençant à croire qu'il avait fait une moins bonne affaire qu'il n'avait d'abord espéré. Quant au capitaine, après lui avoir fait un dernier signe de recommandation, moitié amical, moitié menaçant, il doubla le pas et rejoignit le chevalier et le baron, qui s'étaient arrêtés pour l'attendre.

Le chevalier ne s'était pas trompé à l'endroit du carrosse de louage. Au détour de la première allée il aperçut ses trois adversaires qui en descendaient: c'étaient, comme nous l'avons déjà dit, le marquis de Lafare, le comte de Fargy et le chevalier de Ravanne.

Que nos lecteurs nous permettent de leur donner quelques courts détails sur ces trois personnages, que nous verrons plusieurs fois reparaître dans le cours de cette histoire.

Lafare, le plus connu des trois, grâce aux poésies qu'il a laissées et à la carrière militaire qu'il a parcourue, était un homme de trente-six à trente-huit ans, de figure ouverte et franche, d'une gaîté et d'une bonne humeur intarissables, toujours prêt à tenir tête à tout venant, à table, au jeu et aux armes, sans rancune et sans fiel, fort couru du beau sexe et fort aimé du régent, qui l'avait nommé son capitaine des gardes, et qui, depuis dix ans qu'il l'admettait dans son intimité, l'avait trouvé son rival quelquefois, mais son fidèle serviteur toujours. Aussi, le prince, qui avait l'habitude de donner des surnoms à tous ses roués et à toutes ses maîtresses, ne le désignait-il jamais que par celui de *bon enfant*. Cependant, depuis quelque temps la popularité de Lafare, si bien établie qu'elle fût par de recommandables antécédents, baissait fort parmi les femmes de la cour et les filles de l'Opéra. Le bruit courait tout haut qu'il se donnait le ridicule de devenir un homme rangé. Il est vrai que quelques personnes, afin de lui conserver sa réputation, disaient tout bas que cette conversion apparente n'avait d'autre cause que la jalousie de mademoiselle de Conti, fille de madame la duchesse et petite-fille du grand Condé, laquelle, assurait-on, honorait le capitaine des gardes de monsieur le régent d'une affection toute particulière. Au reste, sa liaison avec le duc de Richelieu, qui passait de son côté pour être l'amant de mademoiselle de Charolais, donnait une nouvelle consistance à ce bruit.

Le comte de Fargy, que l'on appelait habituellement le beau Fargy, en substituant l'épithète qu'il avait reçue de la nature au titre que lui avaient légué ses pères, était cité, comme l'indique son nom, pour le plus beau garçon de son époque, ce qui, dans ce temps de galanterie, imposait des obligations devant lesquelles il n'avait jamais reculé et dont il s'était toujours tiré avec honneur. En effet, il était impossible d'être mieux pris dans sa taille que ne l'était Fargy. C'était à la fois une de ces natures élégantes et fortes, souples et vivaces qui semblent douées des qualités les plus opposées des héros du roman de ce temps-là. Joignez à cela une tête charmante qui réunissait les beautés les plus opposées, c'est-à-dire des cheveux noirs et des yeux bleus, des traits fortement arrêtés et un teint de femme.

Ajoutez à cet ensemble de l'esprit, de la loyauté, du courage autant qu'homme du monde, et vous aurez une idée de la haute considération dont devait jouir Fargy auprès de la société de cette folle époque, si bonne appréciatrice de ces différents genres de mérite.

Quant au chevalier de Ravanne, qui nous a laissé sur sa jeunesse des mémoires si étranges que, malgré leur authenticité, on est toujours tenté de les croire apocryphes, c'était alors un enfant à peine hors de page, riche et de grande maison, qui entrait dans la vie par sa porte dorée et qui courait droit aux plaisirs qu'elle promet avec toute la fougue, l'imprudence et l'avidité de la jeunesse. Aussi outrait-il, comme on a l'habitude de le faire à dix-huit ans, tous les vices et toutes les qualités de son époque. On comprend donc facilement quel était son orgueil de servir de second à des hommes comme Lafare et Fargy, dans une rencontre qui devait avoir quelque retentissement dans les ruelles et dans les petits soupers.

II.

RENCONTRE.

Aussitôt que Lafare, Fargy et Ravanne virent déboucher leurs adversaires à l'angle de l'allée, ils marchèrent de leur côté au devant d'eux. Arrivés à dix pas les uns des autres, tous mirent le chapeau à la main et se saluèrent avec cette élégante politesse qui était en pareille circonstance un des caractères de l'aristocratie du dix-huitième siècle, et firent quelques pas ainsi tête nue et le sourire sur les lèvres, si bien qu'aux yeux d'un passant qui n'aurait point été informé de la cause de cur réunion, ils auraient eu l'air d'amis enchantés de se rencontrer.

— Messieurs, dit le chevalier d'Harmental à qui la parole appartenait de droit, j'espère que ni vous ni moi n'avons été suivis ; mais il commence à se faire un peu tard et nous pourrions être dérangés ici ; je crois donc qu'il serait bon de gagner tout d'abord un endroit plus écarté où nous soyons plus à notre aise pour vider la petite affaire qui nous rassemble.

— Messieurs, dit Ravanne, j'ai ce qu'il vous faut : à cent pas d'ici à peine, une véritable chartreuse : vous vous croirez dans la Thébaïde.

— Alors, suivons l'enfant, dit le capitaine ; l'innocence mène au salut !

Ravanne se retourna et toisa des pieds à la tête notre ami au ruban orange.

— Si vous n'avez d'engagement avec personne, mon grand monsieur, dit le jeune page d'un ton goguenard, je réclamerai la préférence.

— Un instant, un instant, Ravanne, interrompit Lafare. J'ai quelques explications à donner à M. d'Harmental.

— Monsieur Lafare, répondit le chevalier, votre courage est si parfaitement connu que les explications que vous m'offrez sont une preuve de délicatesse dont, croyez-moi bien, je vous sais un gré parfait; mais ces explications ne feraient que nous retarder inutilement, et nous n'avons, je crois, pas de temps à perdre.

— Bravo! dit Ravanne, voilà ce qui s'appelle parler, Chevalier; une fois que nous nous serons coupé la gorge, j'espère que vous m'accorderez votre amitié. J'ai fort entendu parler de vous en bon lieu, et il y a long-temps que je désirais faire votre connaissance.

Les deux hommes se saluèrent de nouveau.

— Allons, allons, Ravanne, dit Fargy, puisque tu t'es chargé d'être notre guide, montre-nous le chemin.

Ravanne sauta aussitôt dans le bois comme un jeune faon. Ses cinq compagnons le suivirent. Les chevaux de main et le carrosse de louage restèrent sur la route.

Au bout de dix minutes de marche, pendant lesquelles les six adversaires avaient gardé le plus profond silence, soit de peur d'être entendus, soit par ce sentiment naturel qui fait qu'au moment de courir un danger l'homme se replie un instant sur lui-même, on se trouva au milieu d'une clairière entourée de tous côtés d'un rideau d'arbres.

— Eh bien ! Messieurs, dit Ravanne en jetant un regard satisfait autour de lui, que dites-vous de la localité ?

— Je dis que si vous vous vantez de l'avoir découverte, dit le capitaine, vous me faites l'effet d'un drôle de Christophe-Colomb ! Vous n'aviez qu'à me dire que c'était ici que vous vouliez aller et je vous y aurais conduit les yeux fermés, moi.

—Eh bien, Monsieur, répondit Ravanne, nous tâcherons que vous en sortiez comme vous y seriez venu.

— Vous savez que c'est à vous que j'ai affaire, monsieur de Lafare, dit d'Harmental en jetant son chapeau sur l'herbe.

— Oui, Monsieur, répondit le capitaine des gardes en suivant l'exemple du chevalier ; et je sais aussi que rien ne pouvait me faire tout à la fois plus d'honneur et de peine qu'une rencontre avec vous, surtout pour un pareil motif.

D'Harmental sourit en homme pour qui cette fleur de politesse n'était point perdue, mais il n'y répondit qu'en mettant l'épée à la main.

— Il paraît, mon cher baron, dit Fargy s'adressant à Valef, que vous êtes sur le point de partir pour l'Espagne.

— Je devais partir cette nuit même, mon cher comte, répondit Valef, et il n'a fallu rien moins que le plaisir que je me promettais à vous voir ce matin pour me déterminer à rester jusqu'à cette heure, tant j'y vais pour choses importantes.

— Diable! voilà qui me désole, reprit Fargy en tirant son épée, car si j'avais le malheur de vous retarder, vous êtes homme à m'en vouloir mal de mort.

— Non point. Je saurais que c'est par pure amitié, mon cher comte, répondit Valef. Ainsi, faites de votre mieux, et tout de bon, je vous prie, car je suis à vos ordres.

— Allons donc, allons donc, Monsieur, dit Ravanne au capitaine, qui pliait proprement son habit et le posait près de son chapeau; vous voyez bien que je vous attends.

— Ne nous impatientons pas, mon beau jeune homme, dit le vieux soldat en continuant ses préparatifs avec le flegme goguenard qui lui était naturel. Une des qualités les plus essentielles sous les armes, c'est le sang-froid. J'ai été comme vous à votre âge, mais au troisième ou quatrième coup d'épée que j'ai reçu, j'ai compris que je faisais fausse route et je suis revenu dans le droit chemin. Là! ajouta-t-il en tirant enfin son épée, qui, nous l'avons dit, était de la plus belle longueur.

— Peste, Monsieur! dit Ravanne en jetant un coup d'œil sur l'arme de son adversaire. Que vous avez là une charmante colichemarde. Elle me rappelle la maîtresse broche de la cuisine de ma mère, et je suis désolé de ne pas avoir dit au maître d'hôtel de me l'apporter pour faire votre partie.

— Votre mère est une digne femme, et sa cuisine une bonne cuisine; j'ai entendu parler de toutes deux avec de grands éloges, monsieur le chevalier, répondit le capitaine avec un ton presque paternel. Aussi je serais désolé de vous enlever à l'une et à l'autre pour une misère comme celle qui me procure l'honneur de croiser le fer avec vous. Supposez donc tout bonnement que vous prenez une leçon avec votre maître d'armes, et tirez à fond.

La recommandation était inutile : Ravanne était exaspéré de la tranquillité de son adversaire, à laquelle, malgré son courage, son sang jeune et ardent ne lui laissait pas l'espérance d'atteindre. Aussi se précipita-t-il sur le capitaine avec une telle furie que les épées se trouvèrent engagées jusqu'à la poignée. Le capitaine fit un pas en arrière.

— Ah! vous rompez, mon grand Monsieur, s'écria Ravanne.

— Rompre n'est pas fuir, mon petit chevalier, répondit le capitaine; c'est un axiome de l'art que je vous invite à méditer. D'ailleurs, je ne suis pas fâché d'étudier votre jeu. Ah! vous êtes élève de Berthelot, à ce qu'il me paraît. C'est un bon maître, mais il a un grand défaut : c'est de ne pas apprendre à parer. Tenez, voyez un peu, continua-t-il en ripostant par un coup de seconde à un coup droit, si je m'étais fendu, je vous enfilais comme une mauviette.

Ravanne était furieux, car effectivement il avait senti sur son flanc la pointe de l'épée de son adversaire, mais si légèrement posée qu'il eût pu la prendre pour le bouton d'un fleuret. Aussi sa colère redoubla de la conviction qu'il lui devait la vie, et ses attaques se multiplièrent, plus pressées encore qu'auparavant.

— Allons, allons, dit le capitaine, voilà que vous perdez la tête maintenant, et que vous cherchez à m'éborgner. Fi donc! jeune homme, fi donc! à la poitrine, morbleu! Ah! vous revenez à la figure? vous me forcerez de vous désarmer! Encore? Allez ramasser votre épée, jeune homme, et revenez à cloche-pied, cela vous calmera. — Et d'un violent coup de fouet il fit sauter le fer de Ravanne à vingt pas de lui.

Cette fois, Ravanne profita de l'avis; il alla

lentement ramasser son épée et revint lentement au capitaine, qui l'attendait la pointe de la sienne sur le soulier. Seulement le jeune homme était pâle comme sa veste de satin, sur laquelle apparaissait une légère goutte de sang.

— Vous avez raison, Monsieur, lui dit-il, et je suis encore un enfant ; mais ma rencontre avec vous aidera, je l'espère, à faire de moi un homme. Encore quelques passes, s'il vous plaît, afin qu'il ne soit pas dit que vous ayez eu tous les honneurs. Et il se remit en garde.

Le capitaine avait raison, il ne manquait au chevalier que du calme pour en faire sous les armes un homme à craindre. Aussi, au premier coup de cette troisième reprise, vit-il qu'il lui fallait apporter à sa propre défense toute son attention ; mais lui-même avait dans l'art de l'escrime une trop grande supériorité pour que son jeune adversaire pût reprendre avantage sur lui. Les choses se terminèrent comme il était facile de le prévoir : le capitaine fit sauter une seconde fois l'épée des mains de Ravanne, mais cette fois il alla la ramasser lui-même, et avec une politesse dont au premier abord on l'aurait cru incapable :

— Monsieur le chevalier, lui dit-il en la lui rendant, vous êtes un brave jeune homme; mais croyez-en un vieux coureur d'académies et de tavernes, qui a fait avant que vous ne fussiez né les guerres de Flandre, quand vous étiez au berceau celle d'Italie, et quand vous étiez aux pages celle d'Espagne, changez de maître; laissez là Berthelot, qui vous a montré tout ce qu'il sait; prenez Bois-Robert, et je veux que le diable m'emporte si dans six mois vous ne m'en remontrez pas à moi-même.

— Merci de la leçon, Monsieur, dit Ravanne en tendant la main au capitaine, tandis que deux larmes, qu'il n'était point le maître de retenir, coulaient le long de ses joues; elle me profitera, je l'espère. Et recevant son épée des mains du capitaine, il fit ce que celui-ci avait déjà fait, il la remit au fourreau.

Tous deux reportèrent alors les yeux sur leurs compagnons pour voir où en étaient les choses. Le combat était fini. Lafare était assis sur l'herbe, le dos appuyé à un arbre : il avait reçu un coup d'épée qui devait lui traverser la poitrine; mais heureusement, la pointe du fer avait rencontré une côte et avait glissé le long de l'os, de sorte que la blessure paraissait au premier abord plus grave qu'elle ne l'était en effet; il n'en était pas moins évanoui, tant la commotion avait été violente. D'Harmental, à genoux devant lui, épongeait le sang avec son mouchoir.

Fargy et Valef avaient fait coup fourré : l'un avait la cuisse traversée, l'autre le bras à jour. Tous deux se faisaient des excuses et se promettaient de n'en être que meilleurs amis à l'avenir.

— Tenez, jeune homme, dit le capitaine à Ravanne en lui montrant les différents épisodes du champ de bataille, regardez cela et méditez; voilà le sang de trois braves gentilshommes qui coule probablement pour une drôlesse!

— Ma foi! répondit Ravanne tout-à-fait calmé, je crois que vous avez raison, capitaine, et vous pourriez bien être le seul de nous tous qui ayez le sens commun.

En ce moment, Lafare ouvrit les yeux et reconnut d'Harmental dans l'homme qui lui portait des secours.

— Chevalier, lui dit-il, voulez-vous suivre un conseil d'ami? Envoyez-moi une espèce de chirurgien que vous trouverez dans la voiture, et que j'ai amené à tout hasard; puis gagnez Paris au plus vite, montrez-vous ce soir au bal de l'Opéra, et si on vous demande de mes nouvelles, dites qu'il y a huit jours que vous ne m'avez vu. Quant à moi, vous pouvez être parfaitement tranquille, votre nom ne sortira point de ma bouche. Au reste, s'il vous arrivait quelque mauvaise discussion avec la connétablie, faites-le-moi savoir au plus tôt, et nous nous arrangerions de manière à ce que la chose n'eût pas de suite.

— Merci, monsieur le marquis, répondit d'Harmental ; je vous quitte parce que je sais vous laisser en meilleures mains que les miennes; autrement, croyez-moi, rien n'aurait pu me séparer de vous avant que je vous visse couché dans votre lit.

— Bon voyage, mon cher Valef! dit Fargy, car je ne pense pas que ce soit cette égratignure qui vous empêche de partir. A votre retour, n'oubliez pas que vous avez un ami, place Louis-le-Grand, n° 14.

— Et vous, mon cher Fargy, si vous avez quelque commission pour Madrid, vous n'avez qu'à dire, et vous pouvez compter qu'elle sera faite avec l'exactitude et le zèle d'un bon camarade.

Et les deux amis se donnèrent une poignée de main, comme s'il ne s'était absolument rien passé.

— Adieu, jeune homme, adieu, dit le capitaine à Ravanne. N'oubliez pas le conseil que je vous ai donné : laissez là Berthelot et prenez Bois-Robert; surtout soyez calme, rompez dans l'occasion, parez à temps, et vous serez une des plus fines lames du royaume de France. Ma colichemarde dit bien des choses agréables à la maîtresse-broche de madame votre mère.

Ravanne, quelle que fût sa présence d'esprit, ne trouva rien à répondre au capitaine; il se contenta de le saluer et s'approcha de Lafare, qui lui parut le plus malade des deux blessés.

Quant à d'Harmental, à Valef et au capitaine, ils gagnèrent rapidement l'allée, où ils retrouvèrent le carrosse de louage, et dans le carrosse le chirurgien qui faisait un somme. D'Harmental le réveilla et lui annonça, en lui montrant le chemin qu'il devait suivre, que le marquis de Lafare et le comte de Fargy avaient besoin de ses services. Il ordonna en outre à son valet de descendre de cheval et de

suivre le chirurgien, afin de lui servir d'aide;
puis se retournant vers le capitaine :

— Capitaine, lui dit-il, je crois qu'il ne serait pas prudent d'aller manger le déjeûner que nous avions commandé; recevez donc tous mes remercîments pour le coup de main que vous m'avez donné, et, en souvenir de moi, comme vous êtes à pied, à ce qu'il me paraît, veuillez accepter un de mes deux chevaux. Vous pouvez prendre au hasard : ce sont de bonnes bêtes; la plus mauvaise des deux ne vous laissera pas dans l'embarras quand vous n'aurez besoin que de lui faire faire huit à dix lieues en une heure.

— Ma foi, chevalier, répondit le capitaine en jetant de côté un regard sur le cheval qui lui était offert si généreusement, il ne fallait rien pour cela; entre gentilshommes, le sang et la bourse sont choses qui se prêtent tous les jours. Mais vous faites les choses de si bonne grâce que je ne saurais vous refuser. Si vous aviez jamais besoin de moi pour quelque chose que ce soit, souvenez-vous, en revanche, que je suis à votre service.

— Et le cas échéant, Monsieur, où vous retrouverai-je? demanda en souriant d'Harmental.

— Je n'ai pas de domicile bien arrêté, chevalier ; mais vous aurez toujours de mes nouvelles en allant chez la Fillon, en demandant la Normande et en vous informant à elle du capitaine Roquefinette.

Et comme les deux jeunes gens remontaient chacun sur son cheval, le capitaine en fit autant, non sans remarquer en lui-même que le chevalier d'Harmental lui avait laissé le plus beau des trois.

— Alors, comme ils étaient près d'un carrefour, chacun prit sa route et s'éloigna au grand galop.

Le baron de Valef rentra par la barrière de Passy et se rendit droit à l'Arsenal, prit les commissions de la duchesse du Maine, de la maison de laquelle il était, et partit le jour même pour l'Espagne.

Le capitaine Roquefinette fit trois ou quatre tours au pas, au trot et au galop dans le bois de Boulogne, afin d'apprécier les différentes qualités de sa monture, et ayant reconnu que c'était, comme l'avait dit le chevalier, un animal de belle et bonne race, il revint fort satisfait chez maître Durand, où il mangea à lui seul le déjeûner qui était commandé pour trois.

Le même jour, il conduisit son cheval au marché aux chevaux et le vendit soixante louis. C'était la moitié de ce qu'il valait; mais il faut savoir faire des sacrifices quand on veut réaliser promptement.

Quant au chevalier d'Harmental, il prit l'allée de la Muette, regagna Paris par la grande avenue des Champs-Élysées, et trouva en rentrant chez lui, rue de Richelieu, deux lettres qui l'attendaient.

L'une de ces deux lettres était d'une écriture si bien connue à lui qu'il tressaillit de tout son corps en la regardant, et qu'après y avoir porté la main avec la même hésitation que s'il allait toucher un charbon ardent, il l'ouvrit avec un tremblement qui décelait l'importance qu'il y attachait; elle contenait ce qui suit :

« Mon cher chevalier,

« On n'est pas maître de son cœur, vous le savez, et c'est une des misères de notre nature que de ne pouvoir long-temps aimer ni la même personne ni la même chose. Quant à moi, je veux au moins avoir sur les autres femmes le mérite de ne pas tromper celui qui a été mon amant. Ne venez donc pas à votre heure accoutumée, car on vous dirait que je n'y suis pas, et je suis si bonne que je ne voudrais pas risquer l'âme d'un valet ou d'une femme de chambre en leur faisant faire un si gros mensonge.

« Adieu, mon cher chevalier ; ne gardez point de moi un trop mauvais souvenir, et faites que je pense encore de vous dans dix ans ce que j'en pense à cette heure, c'est-à-dire que vous êtes un des plus galants gentilshommes de France.

« SOPHIE D'AVERNE. »

— Mordieu ! s'écria d'Harmental en frappant du poing sur une charmante table de boule qu'il mit en morceaux, si j'avais tué ce pauvre Lafare, je ne m'en serais consolé de ma vie !

Après cette explosion, qui le soulagea quelque peu, le chevalier se mit à marcher de sa porte à sa fenêtre d'un air qui prouvait que le pauvre garçon avait encore besoin de quelques déceptions de ce genre pour être à la hauteur de la morale philosophique que lui prêchait la belle infidèle. Puis, après quelques tours, il aperçut à terre la seconde lettre, qu'il avait complètement oubliée. Deux ou trois fois encore il passa près d'elle en la regardant avec une superbe indifférence; enfin, comme il pensa qu'elle ferait peut-être diversion à la première, il la ramassa dédaigneusement, l'ouvrit avec lenteur, regarda l'écriture, qui lui était inconnue, chercha la signature, qui était absente, et, ramené par cet air de mystère à quelque curiosité, il lut ce qui suit :

« Chevalier,

« Si vous avez dans l'esprit le quart du romanesque et dans le cœur la moitié du courage que vos amis prétendent y reconnaître, on est prêt à vous offrir une entreprise digne de vous, et dont le résultat sera à la fois de vous venger de l'homme que vous détestez le plus au monde et de vous conduire à un but si brillant que, dans vos plus beaux rêves, vous n'avez jamais rien espéré de pareil. Le bon génie qui doit vous mener par ce chemin enchanté, et auquel il faut vous fier entièrement, vous attendra ce soir, de minuit à deux heures, au bal de l'Opéra. Si vous y venez sans masque, il ira à vous; si vous y venez masqué, vous le reconnaîtrez à un ruban violet qu'il portera sur l'épaule gauche. Le mot d'ordre est : *Sésame, ouvre-toi.* Prononcez-le hardiment et vous verrez s'ouvrir une caverne bien autrement merveilleuse que celle d'Ali-Baba. »

— A la bonne heure! dit d'Harmental; et si le génie au ruban violet tient seulement la moitié de sa promesse, ma foi! il a trouvé son homme!

III.

LE CHEVALIER D'HARMENTAL.

Le chevalier Raoul d'Harmental, avec qui, avant de passer outre, il est nécessaire que nos lecteurs fassent plus ample connaissance, était l'unique rejeton d'une des meilleures familles du Nivernais. Quoique cette famille n'eût jamais joué un rôle important dans l'histoire, elle ne manquait cependant pas d'une certaine illustration, qu'elle avait acquise, soit par elle-même, soit par ses alliances. Ainsi, le père du chevalier, le sire Gaston d'Harmental, étant venu en 1682 à Paris et ayant eu la fantaisie de monter dans les carrosses du roi, il avait fait, haut la main, ses preuves de 1399, opération héraldique qui, s'il faut en croire un mémoire du parlement, aurait fort embarrassé plus d'un duc et pair. D'un autre coté, son oncle maternel, M. de Torigny, ayant été nommé chevalier de l'ordre à la promotion de 1694, avait avoué, en faisant reconnaitre ses seize quartiers, que le plus beau de son visage, comme on le disait alors, était fait des d'Harmental, avec qui ses ancêtres étaient en alliance depuis trois cents ans. En voilà donc assez pour satisfaire aux exigences aristocratiques de l'époque sur laquelle nous écrivons.

Le chevalier n'était ni pauvre ni riche, c'est-à-dire que son père en mourant lui avait laissé une terre située dans les environs de Nevers, laquelle lui rapportait quelque chose, comme vingt-cinq ou trente mille livres de rentes. C'était de quoi vivre fort grandement dans sa province, mais le chevalier avait reçu une excellente éducation, et il se sentait une grande ambition dans le cœur; il avait donc, à sa majorité, c'est-à-dire vers 1711, quitté sa province et était accouru à Paris.

Sa première visite avait été pour le comte de Torigny, sur lequel il comptait fort pour le mettre en cour. Malheureusement, à cette époque, le comte de Torigny n'y était pas lui-même. Mais, comme il se souvenait toujours avec grand plaisir, ainsi que nous l'avons dit, de la famille d'Harmental, il recommanda son neveu au chevalier de Villarceaux, et le chevalier de Villarceaux, qui n'avait rien à refuser à son ami le comte de Torigny, conduisit le jeune homme chez madame de Maintenon.

Madame de Maintenon avait une qualité : c'était d'être restée l'amie de ses anciens amants.

Elle reçut parfaitement le chevalier d'Harmental, grâce aux vieux souvenirs qui le recommandaient auprès d'elle, et quelques jours après, le maréchal de Villars étant venu lui faire sa cour, elle lui dit quelques mots si pressants en faveur de son jeune protégé que le maréchal, enchanté de trouver une occasion d'être agréable à cette reine *in partibus,* répondit qu'à compter de cette heure il attachait le chevalier d'Harmental à sa maison militaire et s'empresserait de lui offrir toutes les occasions de justifier la bonne opinion que son auguste protectrice voulait bien avoir de lui.

Ce fut une grande joie pour le chevalier que de se voir ouvrir une pareille porte. La campagne qui allait avoir lieu était définitive.

Louis XIV en était arrivé à la dernière période de son règne, à l'époque des revers. Tallard et Marsin avaient été battus à Hochstett, Villeroi à Ramillies, et Villars lui-même, le héros de Friedlingen, venait de perdre la fameuse bataille de Malplaquet contre Marlborough et Eugène. L'Europe, un instant étouffée sous la main de Colbert et de Louvois, réagissait toute entière contre la France. La situation des affaires était extrême; le roi, comme un malade désespéré qui change à chaque heure de médecin, changeait chaque jour de ministres. Mais chaque essai nouveau révélait une impuissance nouvelle. La France ne pouvait plus soutenir la guerre et ne pouvait pas parvenir à faire la paix. Vainement elle offrait d'abandonner l'Espagne et de restreindre ses frontières : ce n'était point assez d'humiliation. On exigeait que le roi donnât passage aux armées ennemies à travers la France, pour aller chasser son petit-fils du trône de Charles II, et qu'il livrât, comme places de sûreté, Cambrai, Metz, La Rochelle et Bayonne, à moins qu'il n'aimât mieux, dans un an pour tout délai, le détrôner lui-même à force ouverte. Voilà à quelles conditions une trêve était accordée au vainqueur des Dunes, de Senef, de Fleurus, de Steinkerque et de la Marsalle ; à celui qui, jusque là, avait tenu dans le pan de son manteau royal la paix et la guerre ; à celui qui s'intitulait le distributeur des couronnes, le châtieur des nations, le grand, l'immortel ; à celui enfin pour lequel depuis un demi siècle on taillait le marbre, on fondait le bronze, on mesurait l'alexandrin, on épuisait l'encens.

—Louis XIV avait pleuré en plein conseil.

Ces larmes avaient produit une armée, et cette armée avait été donnée à Villars.

Villars marcha droit à l'ennemi, dont le camp était à Denain, et qui, les yeux fixés sur l'agonie de la France, s'endormait dans sa sécurité. Jamais responsabilité plus grande n'avait chargé une tête. Sur un coup de dé, Villars allait jouer le salut de la France.

Les alliés avaient établi, entre Denain et Marchiennes, une ligne de fortifications que, dans leur orgueil anticipé, Albemarle et Eugène appelaient la grande route de Paris. Villars résolut d'enlever Denain par surprise, et, Albemarle battu, de battre Eugène.

Il fallait pour réussir dans une si audacieuse entreprise tromper, non seulement l'armée ennemie, mais l'armée française, le succès de ce coup de main étant dans son imposibilité même.

Villars proclama bien haut son intention de forcer les lignes de Landrecies. Une nuit, à une heure convenue, toute son armée s'ébranle et marche dans la direction de cette ville. Tout à coup l'ordre est donné d'obliquer à gauche; le génie jette trois ponts sur l'Escaut; Villars franchit le fleuve sans obstacle, se jette dans des marais que l'on croyait impraticables, et où le soldat s'avance ayant de l'eau jusqu'à la ceinture; il marche droit aux premières redoutes, et les emporte presque sans coup férir, s'empare successivement d'une lieue de fortifications, atteint Denain, franchit le fossé qui l'entoure, pénètre dans la ville, et, en arrivant sur la place, trouve son jeune protégé, le chevalier d'Harmental, qui lui présente l'épée d'Albemarle, qu'il venait de faire prisonnier.

En ce moment, on annonce l'arrivée d'Eugène. Villars se retourne, atteint avant lui le pont sur lequel ce dernier doit passer, s'en empare et attend. Là, le véritable combat s'engage, car la prise de Denain n'a été qu'une escarmouche. Eugène pousse attaque sur attaque, revient sept fois à la tête de ce pont briser ses meilleures troupes contre l'artillerie qui le protège et contre les baïonnettes qui le défendent ; enfin, ayant ses habits criblés de balles, tout sanglant de deux blessures, monte sur son troisième cheval, et le vainqueur de Hochstett et de Malplaquet se retire en pleurant de rage et en mordant ses gants de colère. En six heures tout a changé de face : la France est sauvée, et Louis XIV est toujours le grand roi.

D'Harmental s'était conduit en homme qui d'un seul coup veut gagner ses éperons. Villars, en le voyant tout couvert de sang et de poussière, se rappela par qui il lui avait été recommandé, et le fit approcher de lui, pendant qu'au milieu du champ de bataille même il écrivait sur un tambour le résultat de la journée. En voyant d'Harmental, Villars interrompit sa lettre :

— Etes-vous blessé? lui demanda-t-il.

— Oui, monsieur le maréchal, mais si légèrement que cela ne vaut pas la peine d'en parler.

— Vous sentez-vous la force de faire soixante lieues à cheval à franc étrier, sans vous reposer une heure, une minute, une seconde?

— Je me sens capable de tout, monsieur le maréchal, pour le service du roi et le vôtre.

— Alors partez à l'instant même, descendez chez madame de Maintenon, dites-lui de ma part ce que vous venez de voir, et annoncez-lui le courrier qui en apportera la relation officielle. Si elle veut vous conduire chez le roi, laissez-vous faire.

D'Harmental comprit l'importance de la mission dont on le chargeait. et, tout poudreux, tout sanglant, sans débotter, il sauta sur un cheval frais et gagna la première poste; douze heures après, il était à Versailles.

Villars avait prévu ce qui devait arriver. Aux premiers mots qui sortirent de la bouche du chevalier, madame de Maintenon le prit par la main et le conduisit chez le roi. Le roi travaillait avec Voisin dans sa chambre, contre l'habitude, car il était un peu malade. Madame de Maintenon ouvrit la porte, poussa le chevalier d'Harmental aux pieds du roi, et levant les deux mains au ciel :

— Sire, dit-elle, remerciez Dieu; car Votre Majesté le sait, nous ne sommes rien par nous-mêmes, et c'est de Dieu que nous vient toute grâce.

— Qu'y a-t-il, Monsieur ? parlez! dit vivement Louis XIV, étonné de voir à ses pieds ce jeune homme qu'il ne connaissait pas.

— Sire, répondit le chevalier, le camp de

Denain est pris. Le comte d'Albemarle est prisonnier, le prince Eugène est en fuite, le Maréchal de Villars met sa victoire aux pieds de Votre Majesté.

Malgré la puissance qu'il avait sur lui-même, Louis XIV pâlit, il sentit que les jambes lui manquaient, et il s'appuya à la table pour ne pas tomber sur son fauteuil.

— Qu'avez vous, Sire? s'écria madame de Maintenon en allant à lui.

— J'ai, Madame, que je vous dois tout, dit Louis XIV : vous sauvez le roi, et vos amis sauvent le royaume.

Madame de Maintenon s'inclina et baisa respectueusement la main du roi.

Alors Louis XIV, encore tout pâle et tout ému, passa derrière le grand rideau qui fermait le salon où était son lit, et l'on entendit la prière d'actions de grâces qu'il adressait à demi-voix au seigneur; puis, au bout d'un instant, il reparut calme et grave comme si rien n'était arrivé.

— Et maintenant, Monsieur, racontez-moi la chose dans tous ses détails.

Alors d'Harmental fit le récit de cette merveilleuse bataille qui venait, comme par miracle, de sauver la monarchie. Puis, lorsqu'il eut fini :

— Et de vous, Monsieur, dit Louis XIV, vous ne m'en dites rien ? Cependant, si j'en juge par le sang et la boue qui couvrent encore vos habits, vous n'êtes point resté en arrière.

— Sire, j'ai fait de mon mieux, dit d'Harmental en s'inclinant, mais s'il y a réellement quelque chose à dire de moi, je laisse avec la permission de Votre Majesté, ce soin à M. le maréchal de Villars.

— C'est bien, jeune homme, et s'il vous oublie par hasard, nous nous souviendrons, nous. Vous devez être fatigué, allez vous reposer, je suis content de vous.

D'Harmental se retira tout joyeux. Madame de Maintenon le reconduisit jusqu'à la porte. D'Harmental lui baisa la main encore une fois et se hâta de profiter de la permission royale qui lui était donnée : il y avait vingt-quatre heures qu'il n'avait ni bu, ni mangé, ni dormi.

A son réveil on lui remit un paquet que l'on avait apporté pour lui du ministère de la guerre. C'était son brevet de colonel.

Deux mois après, la paix fut faite. L'Espagne y laissa la moitié de sa monarchie, mais la France resta intacte.

Trois ans après, Louis XIV mourut.

Deux partis bien distincts, bien irréconciliables surtout, étaient en présence au moment de cette mort : celui des bâtards, incarné dans M. le duc du Maine, et celui des princes légitimes, représenté par M. le duc d'Orléans.

Si M. le duc du Maine avait eu la persistance, la volonté, le courage de sa femme Louise-Bénédicte de Condé, peut-être, appuyé comme il l'était par le testament royal, eût-il triomphé; mais il eût fallu se défendre au grand jour, comme on était attaqué, et le duc du Maine, faible de cœur et d'esprit, dangereux à force d'être lâche, n'était bon qu'aux choses qui se passaient par dessous terre. Il fut menacé de face, et dès lors ses artifices sans nombre, ses faussetés exquises, ses marches ténébreuses et profondes lui devinrent inutiles. En un jour et presque sans combat, il fut précipité de ce faîte où l'avait porté l'aveugle amour du vieux roi ; la chute fut lourde et surtout honteuse ; il se retira mutilé, abandonnant la régence à son rival et ne conservant de toutes les faveurs accumulées sur lui que la surintendance de l'éducation royale, la maîtrise de l'artillerie et le pas sur les ducs et pairs.

L'arrêt que venait de rendre le parlement frappait la vieille cour et tout ce qui lui était attaché. Le père Letellier alla au devant de son exil, madame de Maintenon se réfugia à Saint-Cyr, et M. le duc du Maine s'enferma dans la belle villa de Sceaux pour continuer sa traduction de Lucrèce.

Le chevalier d'Harmental avait assisté en spectateur intéressé, il est vrai, mais en spectateur passif, à toutes ces intrigues, attendant toujours qu'elles revêtissent un caractère qui lui permît d'y prendre part : s'il y avait eu lutte franche et armée, il se fût rangé du côté où la reconnaissance l'appelait. Trop jeune et trop chaste encore, si on peut le dire, en matière politique, pour tourner avec le vent de la fortune, il resta respectueux à la mémoire de l'ancien roi et aux ruines de la vieille cour. Son absence du Palais-Royal, autour duquel gravitait à cette heure tout ce qui voulait reprendre une place dans le ciel politique, fut interprétée à opposition, et, un matin, comme il avait reçu le brevet qui lui accordait un régiment, il reçut l'arrêté qui le lui enlevait.

D'Harmental avait l'ambition de son âge; la seule carrière ouverte à un gentilhomme de cette époque était la carrière des armes; son début y avait été brillant, et le coup qui brisait à vingt-cinq ans toutes ses espérances d'avenir lui fut profondément douloureux. Il courut chez M. de Villars, dans lequel il avait trouvé autrefois un protecteur si ardent. Le maréchal le reçut avec la froideur d'un homme qui ne serait pas fâché, non seulement d'oublier le passé, mais de voir le passé oublié. Aussi d'Harmental comprit que le vieux courtisan était en train de changer de peau, et il se retira discrètement.

Quoique cet âge fût essentiellement celui de l'égoïsme, la première épreuve qu'en faisait le chevalier lui fut amère; mais il était dans cette heureuse période de la vie où il est rare que les douleurs de l'ambition trompée soient profondes et durables : l'ambition est la passion de ceux qui n'en ont pas d'autres, et le chevalier avait encore toutes celles que l'on a à vingt-cinq ans.

D'ailleurs, l'esprit du temps n'était point tourné encore à la mélancolie. C'est un sentiment tout moderne, né du bouleversement des fortunes et de l'impuissance des hommes. Au dix-huitième siècle, il était rare que l'on rêvât aux choses abstraites et que l'on aspirât à l'inconnu ; on allait droit aux plaisirs, à la gloire ou à la fortune, et pourvu qu'on fût beau, brave ou intrigant, tout le monde pouvait arriver là. C'était encore l'époque où l'on n'était pas humilié de son bonheur. Aujourd'hui, l'esprit domine de trop haut la matière pour que l'on ose avouer que l'on est heureux.

Au reste, il faut l'avouer, le vent soufflait à la joie, et la France semblait voguer, toutes voiles dehors, à la recherche de quelqu'une de ces îles enchantées comme on en trouve sur la carte dorée des Mille et une Nuits. Après ce long et sombre hiver de la vieillesse de Louis XIV, apparaissait tout à coup le printemps joyeux et brillant d'une jeune royauté ; chacun s'épanouissait à ce nouveau soleil, radieux et bienfaisant, et s'en allait bourdonnant et insoucieux, comme font les papillons et les abeilles aux premiers jours de la belle saison. Le plaisir, absent, et proscrit pendant plus de trente ans, était de retour; on l'accueillait comme un ami qu'on n'espérait plus revoir; on courait à lui de tous côtés, franchement, les bras et le cœur ouverts, et, de peur sans doute qu'il ne s'échappât de nouveau, on mettait à profit tous les instants. Le chevalier d'Harmental avait gardé sa tristesse huit jours; puis il s'était mêlé à la foule, puis il avait été entraîné par le tourbillon, et ce tourbillon l'avait jeté aux pieds d'une jolie femme.

Trois mois il avait été l'homme le plus heureux du monde : pendant trois mois il avait oublié Saint-Cyr, les Tuileries, le Palais-Royal; il ne savait plus s'il y avait une madame de Maintenon, un roi, un régent : il savait qu'il fait bon de vivre quand on est aimé, et il ne voyait pas pourquoi il ne vivrait pas et il n'aimerait pas toujours.

Il en était là de son rêve lorsque, ainsi que nous l'avons dit, soupant avec son ami le baron de Valef dans une honorable maison de la rue Saint-Honoré, il avait été tout à coup brutalement réveillé par Lafare. Les amoureux ont, en général, le réveil mauvais, et l'on a vu que, sous ce rapport, d'Harmental n'était pas plus endurant que les autres. C'était, au reste, d'autant plus pardonnable au chevalier qu'il croyait aimer véritablement, et que, dans sa bonne foi toute juvénile, il pensait que rien ne pourrait reprendre dans son cœur la place de cet amour ; c'était un reste de préjugé provincial qu'il avait apporté des environs de Nevers. Aussi, comme nous l'avons vu, la lettre si étrange, mais du moins si franche, de madame d'Averne, au lieu de lui inspirer l'admiration qu'elle méritait à cette folle époque, l'avait tout d'abord accablé. C'est le propre de chaque douleur qui nous arrive de réveiller toutes les douleurs passées, que l'on croyait disparues et qui n'étaient qu'endormies. L'âme a ses cicatrices comme le corps, et elles ne se ferment jamais si bien qu'une blessure nouvelle ne les puisse rouvrir. D'Harmental se retrouva ambitieux : la perte de sa maîtresse lui avait rappelé la perte de son régiment.

Aussi ne fallait-il rien moins que la seconde lettre, si inattendue et si mystérieuse, pour faire quelque diversion à la douleur du chevalier. Un amoureux de nos jours l'eût jetée avec dédain loin de lui, et se serait méprisé lui-même, s'il n'avait pas creusé sa douleur de manière à s'en faire, pour huit jours au moins, une pâle et poétique mélancolie ; mais un amoureux de la régence était bien autrement accommodant. Le suicide n'était presque pas encore découvert, et l'on ne se noyait alors, quand d'aventure on tombait à l'eau, que si l'on ne trouvait pas sous sa main la moindre petite paille où se retenir.

D'Harmental n'affecta donc pas la fatuité de la tristesse : il décida, en soupirant, il est vrai, qu'il irait au bal de l'Opéra ; et, pour un amant trahi d'une manière si imprévue et si cruelle, c'était déjà beaucoup.

Mais, il faut le dire à la honte de notre

pauvre espèce, ce qui le porta surtout à cette philosophique détermination, c'est que la seconde lettre, celle où on lui promettait de si grandes merveilles, était d'une écriture de femme.

IV.

LA CHAUVE-SOURIS.

Les bals de l'Opéra étaient alors dans toute leur fureur. C'était une invention contemporaine du chevalier de Bouillon, à qui il n'avait fallu rien moins que le service qu'il venait de rendre ainsi à la société dissipée de ce temps-là pour se faire pardonner le titre de prince d'Auvergne, qu'il avait pris on ne savait trop pourquoi. C'était donc lui qui avait inventé ce double plancher qui met le parterre au niveau du théâtre, et le régent, juste appréciateur de toute belle invention, lui avait accordé pour le récompenser de celle-là, une pension de six mille livres. C'était quatre fois ce que le grand roi donnait à Corneille.

Cette belle salle, à l'architecture riche et grave, que le cardinal de Richelieu avait inaugurée par sa Mirame, où Lulli et Quinault avaient fait représenter leurs pastorales, et où Molière avait joué lui-même ses principaux chefs-d'œuvre, était donc ce soir-là le rendez-vous de tout ce que la cour avait de noble, de riche et d'élégant. D'Harmental, par un sentiment de dépit bien naturel dans sa situation, avait donné un soin plus grand que d'habitude encore à sa toilette. Aussi arriva-t-il comme la salle était déjà pleine. Il en résulta qu'un instant il eut la crainte que le masque au ruban violet ne pût le rejoindre, attendu que le génie inconnu avait eu la négligence de ne point lui assigner un lieu de rendez-vous. Il se félicita alors d'être venu à visage découvert, résolution, qui, pour le dire en passant, annonçait de sa part une grande sécurité dans la discrétion de ses adversaires, dont un mot l'eût envoyé devant le parlement ou tout au moins à la Bastille; mais telle était la confiance que les gentilshommes avaient réciproquement à cette époque dans leur loyauté, qu'après avoir passé le matin son épée à travers le corps de l'un des favoris du régent, le chevalier venait sans hésitation aucune, chercher aventure au Palais-Royal.

La première personne qu'il aperçut fut le jeune duc de Richelieu, que son nom, ses aventures, son élégance, et peut-être ses indiscrétions, commençaient à mettre si fort à la mode. On assurait que deux princesses du sang se disputaient alors son amour, ce qui n'empêchait pas mesdames de Nesle et de Polignac de se battre au pistolet pour lui, et madame de Sabran, madame de Villars, madame de Mouchy et madame de Tencin de se partager son cœur.

Il venait de rejoindre le marquis de Canillac, un des roués du régent, qu'à cause de l'apparence rigide qu'il affectait, Son Altesse appelait son Mentor. Richelieu commençait à raconter à Canillac une histoire tout haut et avec de grands éclats. Le chevalier connaissait le duc, mais pas assez pour arriver au milieu d'une conversation entamée ; ce n'était d'ailleurs pas lui qu'il cherchait ; aussi allait-il passer outre lorsque le duc l'arrêta par la basque de son habit.

— Pardieu ! dit-il, mon cher chevalier, vous n'êtes pas de trop, je raconte à Canillac une bonne aventure qui peut lui servir, à lui, comme lieutenant nocturne de M. le régent, et à vous, comme exposé au même danger que j'ai couru. L'histoire date d'aujourd'hui : c'est un mérite de plus, car je n'ai encore eu le temps de la raconter qu'à vingt personnes, de sorte qu'elle est à peine connue. Répandez-la : vous me ferez plaisir et à M. le régent aussi.

D'Harmental fronça le sourcil, Richelieu prenait mal son temps ; en ce moment le chevalier de Ravanne passa poursuivant un masque.

— Ravanne! cria Richelieu, Ravanne!

— Je n'ai pas le loisir, répondit le chevalier.

— Savez-vous où est Lafare?

— Il a la migraine.

— Et Fargy?

— Il s'est donné une entorse.

Et Ravanne se perdit dans la foule après avoir échangé avec son adversaire du matin le salut le plus amical.

— Eh bien! et l'histoire? demanda Canillac.

— Nous y voici. Imaginez-vous qu'il y a six ou sept mois, à ma sortie de la Bastille, où m'avait envoyé mon duel avec Gacé, trois ou quatre jours peut-être après avoir reparu dans le monde, Rafé me remet un charmant petit billet de madame de Parabère, par lequel je suis invité à passer le soir même chez elle. Vous comprenez, chevalier, ce n'est pas au moment où l'on sort de la Bastille, que l'on méprise un rendez-vous donné par la maîtresse de celui qui en tient les clefs. Aussi ne faut-il pas demander si je fus exact. A l'heure dite, j'arrive. Devinez qui je trouve assis à côté d'elle sur un sofa? Je vous le donne en cent!

— Son mari, dit Canillac.

— Non point ; son Altesse Royale elle-même. Je fus d'autant plus étonné qu'on m'avait fait entrer comme si la dame était seule. Néanmoins, comme vous le comprenez bien, chevalier, je ne me laissai point étourdir ; je pris un air composé, naïf et modeste, un air comme le tien, Canillac, et je saluai la marquise avec une apparence de si profond respect, que le régent éclata de rire. Comme je ne m'attendais pas à cette explosion, je fus, je l'avoue, un peu déconcerté. Je pris une chaise pour m'asseoir, mais le régent me fit signe de prendre place sur le sofa de l'autre côté de la marquise : j'obéis.

— Mon cher duc, me dit-il, nous vous avons écrit pour une affaire fort sérieuse. Voilà cette pauvre marquise qui, toute séparée qu'elle est depuis deux ans de son mari, se trouve enceinte.

La marquise fit ce qu'elle put pour rougir, mais sentant qu'elle ne pouvait en venir à bout, elle se couvrit la figure avec son éventail.

— Au premier mot qu'elle m'a dit de sa position, continua le régent, j'ai fait venir d'Argenson et je lui demandai de qui l'enfant pouvait être.

— Oh! Monsieur, épargnez-moi! dit la marquise.

— Allons, mon petit corbeau, reprit le régent, cela va être fini. Un peu de patience.

Savez-vous ce que d'Argenson me répondit, mon cher duc?

— Non, dis-je, assez embarrassé de ma personne.

— Il me répondit que c'était de moi ou de vous.

— C'est une atroce calomnie ! m'écriai-je.

— Ne vous enferrez pas, duc, la marquise a tout avoué.

— Alors, repris-je, si la marquise a tout avoué, je ne vois pas ce qui me reste à vous dire.

— Aussi, continua le régent, je ne vous demande pas pour que vous me donniez des renseignements plus détaillés, mais afin que comme complice du même crime, nous nous tirions d'affaire l'un par l'autre.

— Et qu'avez-vous à craindre, Monseigneur? demandai-je. Quant à moi, je sais que, protégé par le nom de Votre Altesse, je puis tout braver.

— Ce que nous avons à craindre, mon cher

les criailleries de Parabère, qui voudra que je le fasse duc.

—Eh bien! mais si nous le faisions père? répondis-je.

— Justement, s'écria le régent, voilà notre affaire, et vous avez eu la même idée que la marquise.

— Pardieu, Madame, répondis-je, c'est bien de l'honneur pour moi.

— Mais la difficulté, objecta madame de Parabère, c'est qu'il y a plus de deux ans que je n'ai même parlé au marquis, et que comme il se pique de jalousie, de sévérité, que sais-je! il a fait serment que si jamais je me trouvais dans la position où je me trouve, un bon procès le vengerait de moi.

— Vous comprenez, Richelieu, cela devient inquiétant, ajouta le régent.

— Peste! je crois bien, Monseigneur!

— J'ai bien quelques moyens coërcitifs entre les mains, mais ces moyens ne vont pas jusqu'à forcer un mari de recevoir sa femme chez lui.

— Eh bien! repris-je, si on le faisait venir chez sa femme?

— Voilà la difficulté.

— Attendez donc madame la marquise, sans indiscrétion, est-ce que M. de Parabère a toujours un faible pour le vin de Chambertin et de Romanée?

— J'en ai peur, dit la marquise.

— Alors, Monseigneur, nous sommes sauvés! J'invite M. le marquis à souper dans ma petite maison, avec une douzaine de mauvais sujets et de femmes charmantes! vous y envoyez Dubois...

— Comment! Dubois? demanda le régent.

— Sans doute; il faut bien quelqu'un qui nous conserve sa tête. Comme Dubois ne peut pas boire, et par cause, il se chargera de faire boire le marquis, et quand tout le monde sera sous la table, il le démêlera au milieu de nous tous, il en fera ce qu'il voudra. Le reste regarde la marquise.

— Quand je vous le disais, marquise, reprit

le régent en frappant dans ses mains, que Richelieu était de bon conseil! Tenez, duc, continua-t-il, vous devriez renoncer à rôder autour de certains palais, laisser la vieille mourir tranquillement à Saint-Cyr, le boiteux rimer ses vers à Sceaux, et vous rallier franchement à nous. Je vous donnerais, dans mon cabinet, la place de cette vieille caboche de d'Uxelles, et les choses n'en iraient peut-être pas plus mal...

— Oui-dà! répondis-je, je le crois bien, mais la chose est impossible : j'ai d'autres visées.

— Mauvaise tête! murmura le régent.

— Et M. de Parabère? demanda le chevalier d'Harmental, curieux de connaître la fin de l'histoire.

— M. de Parabère, eh bien! mais tout se passa comme la chose avait été arrêtée. Il s'endormit chez moi et se réveilla chez sa femme. Vous comprenez qu'il a fait grand bruit, mais il n'y avait plus moyen de crier au scandale et d'intenter un procès : sa voiture avait paru la nuit à la porte et tous les domestiques l'avaient vu entrer et sortir, de sorte que nous attendîmes tranquillement, quoiqu'avec une certaine impatience de savoir à qui l'enfant ressemblerait, de M. de Parabère, du régent ou de moi. Enfin la marquise est accouchée aujourd'hui à midi.

— Et à qui l'enfant ressemble-t-il? demanda Canillac.

— A Nocé, répondit Richelieu en éclatant de rire. Est-ce que l'histoire n'est pas bonne, marquis? Hein, quel malheur que ce pauvre marquis de Parabère ait eu la sottise de mourir avant le dénouement! Comme il eût été vengé du tour que nous lui avons joué.

— Chevalier, dit en ce moment à l'oreille de d'Harmental une voix douce et flûtée, tandis qu'une petite main se posait sur son bras, quand vous aurez fini avec M. de Richelieu, je réclame mon tour.

— Excusez, monsieur le duc, dit le chevalier, mais vous voyez qu'on m'enlève.

— Je vous laisse aller, mais à une condition.

— Laquelle?

— C'est que vous raconterez mon histoire à cette charmante chauve-souris, en la chargeant de la redire à tous les oiseaux de nuit de sa connaissance.

— J'ai bien peur, répondit d'Harmental, de n'en avoir pas le temps.

— Oh! alors, tant mieux pour vous, reprit le duc en lâchant le chevalier, qu'il avait retenu jusque là par son habit, car vous aurez en ce cas quelque chose de mieux à dire.

Et il tourna sur ses talons pour prendre lui-même le bras d'un domino qui en passant venait de lui faire compliment sur son aventure.

Le chevalier d'Harmental jeta un coup d'œil rapide sur le masque qui venait de l'accoster, afin de s'assurer si c'était bien celui qui lui avait donné rendez-vous, et il reconnut sur son épaule gauche le ruban violet qui devait lui servir de signe de ralliement. Il s'empressa donc de s'éloigner de Canillac et de Richelieu, afin de n'être point interrompu dans une conversation qui, selon toute probabilité, devait être pour lui de quelque intérêt.

L'inconnue, qui au son de sa voix avait trahi son sexe, était de moyenne stature, et autant qu'on en pouvait juger à l'élasticité et à la souplesse de ses mouvements, paraissait être une jeune femme. Quant à sa taille, à sa tournure, à tout ce que l'œil de l'observateur a tant d'intérêt à découvrir en pareil cas, il était inutile de s'en occuper, vu le peu de résultat que promettait cette étude. En effet, comme l'avait déjà indiqué M. de Richelieu, elle avait adopté de tous les costumes celui qui était le plus propre à dissimuler ou les graces ou les défauts : elle était vêtue en chauve-souris, costume fort en usage à cette époque, et d'autant plus commode qu'il était d'une simplicité parfaite, se composant simplement de la réunion de deux jupons noirs. La manière de les employer était à la portée de tout le monde : on serrait l'un, comme d'habitude, autour de sa ceinture ; on passait sa tête masquée par la fente de la poche de l'autre ; on rabattait le devant, dont on faisait deux ailes ; on relevait le derrière, dont on faisait deux cornes, et l'on avait la presque certitude de damner son interlocuteur, qui ne vous reconnaissait, empaqueté ainsi, que lorsqu'on y mettait une extrême bonne volonté.

Le chevalier fit toutes ces remarques en moins de temps qu'il ne nous en a fallu pour décrire un tel costume; mais n'ayant aucune idée de la personne à laquelle il avait affaire, et croyant qu'il s'agissait tout bonnement de quelque intrigue amoureuse, il hésita à lui adresser la parole, lorsque, tournant la tête de son côté :

— Chevalier, lui dit le masque sans prendre la peine de déguiser sa voix, dans la certitude sans doute que sa voix lui était inconnue, savez-vous bien que je vous ai une double reconnaissance d'être venu, surtout dans la situation d'esprit où vous êtes? Il est malheureux que je ne puisse en conscience attribuer une pareille exactitude qu'à la curiosité.

— Beau masque, répondit d'Harmental, ne m'avez-vous pas dit dans votre lettre que vous étiez un bon génie? Or, si réellement vous participez d'une nature supérieure, le passé, le présent et l'avenir doivent vous être connus; vous saviez donc que je viendrais, et, puisque vous le saviez, ma venue ne doit pas vous étonner.

— Hélas! répondit l'inconnue, que l'on voit bien que vous êtes un faible mortel, et que vous avez le bonheur de ne vous être jamais élevé au dessus de votre sphère! autrement, vous sauriez que si nous connaissons, comme vous le dites, le passé, le présent et l'avenir, cette science est muette en ce qui nous regarde, et ce sont les choses que nous désirons le plus qui restent plongées pour nous dans la plus grande obscurité.

— Diable! répondit d'Harmental, savez-vous, monsieur le génie, que vous allez me rendre bien fat si vous continuez de ce ton-là; car, prenez-y garde, vous m'avez dit, ou à peu près, que vous aviez grand désir que je vinsse à votre rendez-vous.

— Je croyais ne rien vous apprendre de nouveau, chevalier, et il me semblait que ma lettre, sous le rapport du désir que j'avais de vous voir, ne devait vous laisser aucun doute.

— Ce désir, que je n'admets au reste que parce que vous l'avouez et que je suis trop galant pour vous donner un démenti, ne vous a-t-il pas fait promettre dans cette lettre plus qu'il n'est en votre pouvoir de tenir?

— Faites l'épreuve de ma science, elle vous donnera la mesure de mon pouvoir.

— O mon Dieu ! je me bornerai à la chose la plus simple, vous savez, dites-vous, le passé, le présent et l'avenir ; dites-moi ma bonne aventure.

— Rien de plus facile : donnez-moi votre main.

D'Harmental fit ce qu'on lui demandait.

— Sire chevalier, dit l'inconnue après un instant d'examen, je vois fort lisiblement écrits, par la direction de l'adducteur et par la disposition des fibres longitudinales de l'aponévrose palmaire, cinq mots dans lesquels est renfermée l'histoire de toute votre vie ; ces mots sont : *courage, ambition, désappointement, amour et trahison.*

— Peste ! interrompit le chevalier, je ne savais pas que les génies étudiassent si à fond l'anatomie et fussent obligés de prendre leurs licences comme un bachelier de Salamanque !

— Les génies savent tout ce que les hommes savent, et bien d'autres choses encore, chevalier.

— Eh bien ! que veulent dire ces mots à la fois si sonores et si opposés, et que vous apprennent-ils de moi dans le passé, mon très-savant génie ?

— Ils m'apprennent que c'est par votre courage seul que vous avez acquis le grade de colonel que vous occupiez dans l'armée de Flandre; que ce grade a éveillé votre *ambition*; que cette *ambition* a été suivie d'un *désappointement*; que vous avez cru vous consoler de ce *désappointement* par *l'amour*; mais que *l'amour*, comme la fortune, étant sujet à la *trahison*, vous avez été trahi.

— Pas mal, dit le chevalier, et la sybille de Cumes ne s'en serait pas mieux tirée. Un peu de vague comme dans tous les horoscopes; mais, du reste, un grand fond de vérité. Passons au présent, beau masque.

— Le présent! chevalier? Parlons-en tout bas, car il sent terriblement la Bastille!

Le chevalier tressaillit malgré lui, car il croyait que nul, excepté les acteurs qui avaient joué un rôle, ne pouvait connaître son aventure du matin.

— Il y a à cette heure, continua l'inconnue, deux braves gentilshommes couchés fort tristement dans leur lit, tandis que nous bavardons gaîment au bal ; et cela, parce que certain chevalier d'Harmental, grand écouteur aux portes, ne s'est pas souvenu d'un hémistiche de Virgile.

— Et quel est cet hémistiche? demanda le chevalier de plus en plus étonné.

— *Facilis descensus Averni,* dit en riant la chauve-souris.

— Mon cher génie! s'ecria le chevalier en plongeant ses regards à travers les ouvertures du masque de l'inconnue, voici, permettez-moi de vous le dire, une citation tant soit peu masculine.

— Ne savez-vous pas que les génies sont des deux sexes ?

— Oui, mais je n'avais pas entendu dire qu'ils citassent si couramment l'*Enéide*.

— La citation n'est-elle pas juste ? Vous me parlez de la sybille de Cumes, je vous réponds dans sa langue ; vous me demandez du positif, je vous en donne ; mais, vous autres mortels, vous n'êtes jamais satisfaits.

— Non, car j'avoue que cette science du passé et du présent m'inspire une terrible envie de connaître l'avenir.

— Il y a toujours deux avenirs, dit le masque ; il y a l'avenir des cœurs faibles, et l'avenir des cœurs forts. Dieu a donné à l'homme le libre arbitre, afin qu'il pût choisir. Votre avenir dépend de vous.

— Encore faut-il les connaître, ces deux avenirs, pour choisir le meilleur.

— Eh bien ! il y en a un qui vous attend quelque part, aux environs de Nevers, dans le fond d'une province, entre les lapins de votre garenne et les poules de votre basse-cour. Celui-là vous conduira droit au banc de marguillier de la paroisse. C'est d'une ambition facile, et il n'y a qu'à vous laisser faire pour l'atteindre : vous êtes sur la route.

— Et l'autre? répliqua le chevalier, visiblement piqué que l'on pût supposer qu'en aucun cas un pareil avenir serait jamais le sien.

— L'autre, dit l'inconnue en appuyant son bras sur le bras du jeune gentilhomme et en fixant sur lui ses yeux à travers son masque ; l'autre vous rejettera dans le bruit et dans la lumière; l'autre fera de vous un des acteurs de la scène qui se joue dans le monde ; l'autre, que vous perdiez ou que vous gagniez, vous laissera du moins le renom d'un grand joueur.

— Si je perds, que perdrai-je? demanda le chevalier.

— La vie probablement.

Le chevalier fit un geste de mépris.

— Et si je gagne ? ajouta-t-il.

— Que dites-vous du grade de mestre de camp, du titre de grand d'Espagne et du cordon du Saint-Esprit ? Tout cela sans compter le bâton de maréchal en perspective.

— Je dis que le gain vaut l'enjeu, beau masque, et que si tu me donnes la preuve que tu peux tenir ce que tu promets, je suis homme à faire ta partie.

— Cette preuve, répondit le masque, ne peut vous être donnée que par une autre que moi, chevalier, et si vous voulez l'acquérir, il faut me suivre.

— Oh ! oh ! dit d'Harmental, me serais-je trompé et ne serais-tu qu'un génie du second ordre, un esprit subalterne, une puissance intermédiaire ? Diable ! voilà qui m'ôterait un peu de ma considération pour toi.

— Qu'importe, si je suis soumis à quelque grande enchanteresse, et si c'est elle qui m'envoie ?

— Je te préviens que je ne traite rien par ambassadeur.

— Aussi ai-je mission de vous conduire près d'elle.

— Alors je la verrai?

— Face à face, comme Moïse vit le Seigneur.

— Partons, en ce cas!

— Chevalier, vous allez vite en besogne! Oubliez-vous qu'avant toute initiation il y a certaines cérémonies indispensables pour s'assurer de la discrétion des initiés.

— Que faut-il faire?

— Il faut vous laisser bander les yeux, vous laisser conduire où l'on voudra vous mener; puis, arrivé à la porte du temple, faire le serment solennel que vous ne révélerez rien à qui que ce soit des choses qu'on vous aura dites ou des personnes que vous aurez vues.

— Je suis prêt à jurer par le Styx, dit en riant d'Harmental.

— Non, chevalier, répondit le masque d'une voix grave; jurez tout bonnement par l'honneur, on vous connaît, et cela suffira.

— Et ce serment fait, demanda le chevalier après un instant de silence et de réflexion, me sera-t-il permis de me retirer si les choses que l'on me proposera ne sont pas de celles que puisse accomplir un gentilhomme?

— Vous n'aurez que votre conscience pour arbitre, et on ne vous demandera que votre parole pour gage.

— Je suis prêt, dit le chevalier.

— Allons donc, dit le masque.

Le chevalier s'apprêta à traverser la foule en ligne droite pour gagner la porte de la salle, mais ayant aperçu Brancas, Broglie et Simiane qui se trouvaient sur sa route et qui l'eussent arrêté sans doute au passage, il fit un détour et prit une ligne courbe, laquelle cependant devait le conduire au même but.

— Que faites-vous? demanda le masque.

— J'évite la rencontre de quelqu'un qui pourrait nous retarder.

— Tant mieux! je commençais à craindre.

— Que craigniez-vous ? demanda d'Harmental.

— Je craignais, répondit en riant le masque, que votre empressement ne fût diminué de la différence de la diagonale aux deux côtés du carré.

— Pardieu! dit d'Harmental, voilà la première fois, je crois, qu'on donne rendez-vous à un gentilhomme, au bal de l'Opéra, pour lui parler anatomie, littérature ancienne et mathématiques? Je suis fâché de vous le dire, beau masque, mais vous êtes bien le génie le plus pédant que j'aie connu de ma vie.

La chauve-souris éclata de rire, mais ne répondit rien à cette boutade, dans laquelle éclatait le dépit du chevalier de ne pouvoir reconnaître une personne qui paraissait cependant si bien au fait de ses propres aventures; mais comme ce dépit ne faisait qu'ajouter à sa curiosité, au bout d'un instant, tous deux étant descendus d'une hâte pareille, se trouvèrent dans le vestibule.

— Quel chemin prenons-nous ? dit le chevalier ; nous en allons-nous par dessous terre ou dans un char attelé de deux griffons ?

— Si vous le permettez, chevalier, nous nous en irons tout bonnement dans une voiture. Au fond, et quoique vous ayez paru en douter plus d'une fois, je suis femme, et j'ai peur des ténèbres.

— Permettez-moi, en ce cas, de faire avancer mon carrosse, dit le chevalier.

— Non pas, j'ai le mien, s'il vous plaît, répondit le masque.

— Appelez-le donc alors.

— Avec votre permission, chevalier, nous ne serons pas plus fiers que Mahomet à l'endroit de la montagne, et comme mon carrosse ne peut pas venir à nous, nous irons à mon carrosse.

A ces mots, la chauve-souris entraîna le chevalier dans la rue Saint-Honoré. Une voiture sans armoirie, attelée de deux chevaux de couleur sombre, attendait au coin de la petite rue Pierre-Lescot. Le cocher était sur son siége enveloppé d'une grande houppelande qui lui cachait tout le bas de la figure, tandis qu'un large chapeau à trois cornes couvrait son front et ses yeux. Un valet de pied tenait d'une main la portière ouverte et de l'autre se masquait le visage avec son mouchoir.

— Montez, dit le masque au chevalier.

— D'Harmental hésita un instant : ces deux domestiques inconnus sans livrée, qui paraissaient aussi désireux que leur maîtresse de conserver leur incognito, cette voiture sans aucun chiffre, sans aucun blason, l'endroit obscur où elle était retirée, l'heure avancée de la nuit, tout inspirait au chevalier un sentiment de défiance très-naturel ; mais bientôt, réfléchissant qu'il donnait le bras à une femme et qu'il avait une épée au côté, il monta hardiment dans le carrosse. La chauve-souris s'assit près de lui, et le valet de pied referma la portière avec un ressort qui tourna deux fois à la manière d'une clé.

— Eh bien ! ne partons-nous pas ? demanda le chevalier en voyant que la voiture restait immobile.

— Il nous reste une petite précaution à prendre, répondit le masque en tirant un mouchoir de soie de sa poche.

— Ah ! oui, c'est vrai, dit d'Harmental, je l'avais oublié ; je me livre à vous en toute confiance ; faites. Et il avança sa tête.

L'inconnue lui banda les yeux, puis, l'opération terminée :

— Chevalier, dit-elle, vous me donnez votre parole de ne point écarter ce bandeau avant que vous ayez reçu la permission de l'enlever tout-à-fait.

— Je vous la donne.

— C'est bien.

Alors, soulevant la glace de devant :

— Où vous savez, monsieur le comte, dit l'inconnue en s'adressant au cocher.

Et la voiture partit au galop.

V.

L'ARSENAL.

Autant la conversation avait été animée au bal, autant le silence fut absolu pendant la route. Cette aventure, qui s'était présentée d'abord sous les apparences d'une aventure amoureuse, avait bientôt revêtu une allure plus grave et tournait visiblement à la machination politique. Si ce nouvel aspect n'effrayait pas le chevalier, il lui donnait du moins matière à réfléchir, et ses réflexions étaient d'autant plus profondes que plus d'une fois il avait rêvé à ce qu'il aurait à faire s'il se voyait dans une situation pareille à celle où probablement il allait se trouver.

Il y a dans la vie de tout homme un instant qui décide de tout son avenir. Ce moment, si important qu'il soit, est rarement préparé par le calcul et dirigé par la volonté ; c'est presque toujours le hasard qui prend l'homme, comme le vent fait d'une feuille, et qui le jette dans quelque voie nouvelle et inconnue, où, une fois entré, il est contraint d'obéir à une force supérieure, et où, tout en croyant suivre son libre arbitre, il est l'esclave des circonstances et le jouet des événements.

Il en avait été ainsi du chevalier; nous avons vu par quelle porte il était entré à Versailles, et comment, à défaut de la sympathie, l'intérêt et même la reconnaissance avait dû l'attacher au parti de la vieille cour. D'Harmental, en conséquence, n'avait pas calculé le bien ou le mal qu'avait fait à la France madame de Maintenon; il n'avait pas discuté le droit ou le pouvoir qu'avait Louis XIV de légitimer ses bâtards ; il n'avait pas pesé dans la balance de la généalogie M. le duc du Maine et M. le duc d'Orléans ; il avait compris d'instinct qu'il devait dévouer sa vie à ceux qui l'avaient faite d'obscure glorieuse, et lorsqu'était mort ce vieux roi, lorsqu'il avait su que ses dernières volontés étaient que M. le duc du Maine eût la régence, lorsqu'il avait vu ces dernières volontés brisées par le parlement, il avait regardé comme usurpation l'avènement au pouvoir d M. le duc d'Orléans, et dans la certitude d'une réaction armée contre ce pouvoir, il avait cherché des yeux par toute la France où se déployait le drapeau sous lequel sa conscience lui disait qu'il devait se ranger. Mais, à son grand étonnement, rien n'était arrivé de ce qu'il attendait; l'Espagne, si intéressée à voir à la tête du gouvernement de la France une volonté amie, n'avait pas même protesté; M. du Maine, fatigué d'une lutte qui cependant n'avait duré qu'un jour, était rentré dans l'ombre d'où il semblait n'être sorti que malgré lui; M. de Toulouse, doux, bon, paisible, et presque honteux des faveurs dont lui et son frère avaient été accablés, ne laissait pas même soupçonner qu'il pût jamais se faire chef de parti; le maréchal de Villeroy faisait une opposition pauvre et taquine, dans laquelle il n'y avait ni plan ni calcul; Villars n'allait à personne, mais attendait évidemment que l'on vînt à lui; d'Huxelles était rallié et avait accepté la présidence des affaires étrangères; les ducs et pairs prenaient patience et caressaient le régent dans l'espoir qu'il finirait, comme il l'avait promis, par ôter aux ducs du Maine et de Toulouse le pas que Louis XIV leur avait donné sur eux; enfin, il y avait malaise, mécontentement, opposition même au gouvernement du duc d'Orléans, mais tout cela était impalpable, invisible, disséminé. Nulle part un noyau où s'agglomérer, nulle part une volonté à qui inféoder la sienne; partout du bruit, de la gaîté partout ; du faîte aux profondeurs de la société, le plaisir tenant lieu du bonheur : voilà ce qu'avait vu d'Harmental, voilà ce qui avait fait rentrer au fourreau son épée à moitié tirée. Il avait cru qu'il était seul à avoir vu une autre issue aux choses, et il était resté convaincu que cette issue n'avait jamais existé que dans son imagination, puisque les plus intéressés au résultat qu'il avait rêvé paraissaient regarder ce résultat comme tellement impossible, qu'ils ne tentaient rien pour y arriver.

Mais du moment où il s'était trompé, du moment où, sous cette surface riante, se préparait quelque chose de sombre, du moment où cette insouciance n'était qu'un voile pour cacher les ambitions en travail, c'était autre chose, et ces espérances, qu'il avait crues mortes et qui n'étaient qu'assoupies, murmuraient en se réveillant des promesses plus séduisantes que jamais. Ces offres qu'on venait de lui faire, tout exagérées qu'elles étaient, cet avenir qu'on venait de lui promettre, si improbable qu'il fût, avaient exalté son imagination. Or, à vingt-six ans, l'imagination est une étrange enchanteresse ; c'est l'architecte des palais aériens, c'est la fée aux rêves d'or, c'est la reine du royaume sans bornes, et pour peu qu'elle appuie les calculs les plus gigantesques sur le plus frêle roseau, elle les voit déjà réalisés comme s'ils avaient pour base l'axe inébranlable de la terre.

Aussi, quoique la voiture roulât déjà depuis près d'une demi-heure, le chevalier n'avait-il point pensé à trouver le temps long ; il était même si profondément plongé dans ses réflexions qu'on aurait pu ne pas lui bander les yeux, et qu'il n'en aurait pas moins ignoré par quelles rues on le faisait passer. Enfin, il sentit gronder les roues, comme lorsqu'une voiture passe sous une voûte; il entendit grincer une grille qui s'ouvrait pour lui donner entrée et qui se refermait derrière lui, et presque aussitôt le carrosse, ayant décrit un cercle, s'arrêta.

— Chevalier, lui dit son guide, si vous craignez de vous engager plus avant, il est encore temps, et vous pouvez retourner en arrière; si, au contraire, vous n'avez point changé de résolution, venez.

Pour toute réponse, d'Harmental tendit la main. Le valet de pied ouvrit la portière; l'inconnue descendit d'abord, puis aida le chevalier à descendre; bientôt ses pieds rencontrèrent des marches, il monta les six degrés d'un perron, et, toujours les yeux bandés, toujours conduit par la dame masquée, il traversa un vestibule, suivit un corridor, entra dans une chambre. Alors il entendit la voiture qui partait de nouveau.

— Nous voici arrivés, dit l'inconnue; vous vous rappelez bien nos conditions, chevalier? Vous êtes libre d'accepter ou de ne point accepter un rôle dans la pièce qui va se jouer à cette heure; mais, en cas de refus de votre part, vous promettez sur l'honneur de ne dire à qui que ce soit un seul mot des personnes que vous allez voir et des choses que vous allez entendre?

— Je le jure sur l'honneur! répondit le chevalier.

— Alors, asseyez-vous, attendez dans cette chambre, et n'ôtez votre bandeau que lorsque vous entendrez sonner deux heures. Soyez tranquille, vous n'avez plus longtemps à attendre.

A ces mots, la conductrice du chevalier s'éloigna de lui; une porte s'ouvrit et se referma.

Presque aussitôt deux heures sonnèrent, et le chevalier arracha son bandeau.

Il était seul dans le plus merveilleux boudoir qu'il fût possible d'imaginer ; c'était une petite pièce octogone, toute tendue d'un lampas lilas et argent, avec des meubles et des portières de tapisserie ; les tables et les étagères étaient du plus délicieux travail de Boule, et toutes chargées de magnifiques chinoiseries ; le plancher était couvert d'un tapis de Perse, et le plafond peint par Watteau, qui commençait à être le peintre à la mode. A cette vue, le chevalier eut peine à croire qu'on l'avait appelé pour une chose grave, et il en revint presque à ses premières idées.

En ce moment, une porte perdue dans la tapisserie s'ouvrit, et d'Harmental vit paraître une femme que, dans la préoccupation fantastique de son esprit, il aurait pu prendre pour une fée, tant sa taille était mince, svelte et petite ; elle était vêtue d'une charmante robe de pékin gris perle, toute parsemée de bouquets, si délicieusement brodés, qu'à trois pas de distance on les aurait pris pour des fleurs naturelles ; les volants, les engageantes et les fontanges étaient en points d'Angleterre; les nœuds étaient en perles, avec des agrafes en diamants.

Quant au visage, il était couvert d'un demi-masque de velours noir, duquel pendait une barbe de dentelle de la même couleur.

D'Harmental s'inclina, car il y avait quelque chose de royal dans la marche et dans la tournure de cette femme dont il comprit alors que la première n'était que l'envoyée.

— Madame, lui dit-il, ai-je réellement, comme je commence à le croire, quitté la terre des hommes pour le monde des génies, et êtes-vous la puissante fée à laquelle appartient ce beau palais?

— Hélas! chevalier, répondit la dame masquée d'une voix douce, et cependant arrêtée et positive, je suis non point une fée puissante, mais bien au contraire une pauvre princesse persécutée par un méchant enchanteur qui m'a enlevé ma couronne et qui opprime cruellement mon royaume. Aussi, comme vous le voyez, je vais cherchant partout un brave chevalier qui me délivre, et le bruit de votre renommée a fait que je me suis adressée à vous.

— S'il ne faut que ma vie pour vous rendre votre puissance passée, Madame, reprit d'Harmental, dites un mot, et je suis prêt à la risquer avec joie. Quel est cet enchanteur qu'il faut combattre? Quel est ce géant qu'il faut pourfendre? Puisque vous m'avez choisi entre tous, je serai digne de l'honneur que vous m'avez fait. De ce moment, je vous engage ma parole, cet engagement dût-il me perdre.

— Dans tous les cas, chevalier, vous vous perdrez en bonne compagnie, dit la dame inconnue en dénouant les cordons de son masque et en se découvrant le visage; car vous vous perdrez avec le fils de Louis XIV et la petite-fille du grand Condé.

— Madame la duchesse du Maine! s'écria d'Harmental en mettant un genou en terre. Que Votre Altesse me pardonne si, ne la connaissant pas, j'ai pu dire quelque chose qui ne soit pas en harmonie avec le profond respect que j'ai pour elle.

— Vous n'avez dit que des choses dont je doive être fière et reconnaissante, chevalier; mais peut-être vous repentez-vous de les avoir dites. En ce cas, vous êtes le maître et pouvez reprendre votre parole.

— Dieu me garde, Madame, qu'ayant eu le bonheur d'engager ma vie au service d'une si grande et si noble princesse que vous êtes, je sois assez malheureux pour me priver moi-même du plus grand honneur que j'aie jamais osé espérer! Non, Madame, prenez au sérieux, au contraire, je vous en supplie, ce que je vous ai offert tout à l'heure en riant, c'est-à-dire, mon bras, mon épée et ma vie.

— Allons, chevalier, dit la duchesse du Maine avec ce sourire qui la rendait si puissante sur tout ce qui l'entourait, je vois que le baron de Valef ne m'avait point trompé sur votre compte, et que vous êtes tel qu'il vous avait annoncé. Venez, que je vous présente à nos amis.

La duchesse du Maine marcha la première; d'Harmental la suivit, encore tout étourdi de ce qui venait de se passer, mais bien résolu, moitié par orgueil, moitié par conviction, de ne pas faire un pas en arrière.

La sortie donnait dans le même corridor par lequel sa première conductrice l'avait introduit. Madame du Maine et le chevalier y firent quelques pas ensemble, puis la duchesse ouvrit la porte d'un salon où les attendaient quatre nouveaux personnages : c'étaient le cardinal de Polignac, le marquis de Pompadour, M. de Malezieux et l'abbé Brigaud.

Le cardinal de Polignac passait pour être l'amant de madame du Maine. C'était un beau prélat de quarante à quarante-cinq ans, toujours mis avec une recherche parfaite, à la voix onctueuse par habitude, à la figure glacée, au cœur timide ; dévoré d'ambition, éternellement combattu par la faiblesse de son caractère, qui le laissait en arrière chaque fois qu'il aurait fallu marcher en avant ; au reste, de haute maison comme son nom l'indiquait, très-savant pour un cardinal et très-lettré pour un grand seigneur.

M. de Pompadour était un homme de quarante-cinq à cinquante ans, qui avait été menin du grand-dauphin, fils de Louis XIV, et qui avait pris là un si grand amour et une si tendre vénération pour toute la famille du grand roi, que, ne pouvant voir sans une profonde douleur le régent sur le point de déclarer la guerre à Philippe V, il s'était jeté corps et âme dans le parti de M. le duc du Maine. Au surplus, fier et désintéressé, il avait donné un exemple de loyauté fort rare à cette époque, en renvoyant au régent le brevet de ses pensions et de celle de sa femme, et en refusant successivement pour lui et pour le marquis de Courcillon, son gendre, toutes les places qui leur avaient été offertes.

M. de Malezieux était un homme de soixante à soixante-cinq ans. Chancelier de Dombes et seigneur de Châtenay, il devait ce double titre à la reconnaissance de M. le duc du Maine dont il avait soigné l'éducation. Poëte, musicien, auteur de petites comédies qu'il jouait lui-même avec infiniment d'esprit, né pour la vie paresseuse et intellectuelle, toujours préoccupé du plaisir de tous et du bonheur particulier de madame du Maine pour laquelle son dévoûment allait jusqu'à l'adoration, c'était le type du sybarite au dix-huitième siècle ; mais comme les sybarites aussi, qui, entraînés par l'aspect de la beauté, suivirent Cléopâtre à Actium et se firent tuer autour d'elle, il eût suivi sa chère Bénédicte à travers l'eau et le feu, et, sur un mot d'elle, sans hésitation, sans retard, et je dirai presque sans regret, se fût jeté du haut en bas des tours de Notre-Dame.

L'abbé Brigaud était fils d'un négociant de Lyon. Son père, qui avait de grands intérêts de commerce avec la cour d'Espagne, fut chargé de faire en l'air, et comme de son propre mouvement, des ouvertures à l'endroit du mariage du jeune Louis XIV avec l'infante Marie-Thérèse d'Autriche. Si ces ouvertures eussent été mal reçues, les ministres de France les auraient désavouées, et tout était dit; mais elles furent bien reçues, et les ministres de France y donnèrent leur assentiment. Le mariage eut lieu, et comme le petit Brigaud naquit vers le même temps que le grand-dauphin, son père demanda pour récompense que le fils du roi fût le parrain de son fils, ce qui lui fut gracieusement accordé. De plus, le jeune Brigaud fut placé près du dauphin, où il connut le marquis de Pompadour, qui, comme nous l'avons dit, y était enfant d'honneur. En âge de prendre un parti, Brigaud se jeta dans les Pères de l'Oratoire et en sortit abbé. C'était un homme fin, adroit, ambitieux, mais à qui, comme cela arrive quelquefois aux plus grands génies, les occasions de faire fortune avaient manqué. Quelque temps avant l'époque où nous sommes arrivés, il avait rencontré le marquis de Pompadour, qui cherchait lui-même un homme d'esprit et d'intrigue qui pût être le secrétaire de madame du Maine. Il lui dit à quoi l'exposait cette charge en un pareil moment. Brigaud pesa un instant les chances bonnes et mauvaises, et comme les bonnes lui parurent l'emporter, il accepta.

De ces quatre hommes, d'Harmental ne

connaissait personnellement que le marquis de Pompadour, qu'il avait rencontré souvent chez M. de Courcillon, son gendre, lequel était quelque peu parent ou allié des d'Harmental.

M. de Polignac, M. de Pompadour et M. de Malezieux causaient debout à une cheminée ; l'abbé Brigaud était assis devant une table et y classait des papiers.

— Messieurs, dit la duchesse du Maine en entrant, voici le brave champion dont le baron de Valef nous avait parlé et que nous a amené votre chère de Launay, M. de Malezieux. Si son nom et ses antécédents ne suffisent pas pour lui servir de parrain près de vous, je me fais personnellement sa répondante.

— Présenté ainsi par Votre Altesse, dit Malezieux, ce n'est plus seulement un compagnon que nous verrons en lui, mais un véritable chef que nous serons prêts à suivre partout où il voudra nous mener.

— Mon cher d'Harmental, dit le marquis de Pompadour en tendant la main au jeune homme, nous étions déjà presque parents; maintenant nous voilà frères.

— Soyez le bien venu, Monsieur, dit le cardinal de Polignac de ce ton onctueux qui lui était habituel, et qui contrastait si singulièrement avec la froideur de son visage.

L'abbé Brigaud leva la tête, la tourna vers le chevalier avec un mouvement de cou qui ressemblait à celui d'un serpent, et fixa sur d'Harmental deux petits yeux brillants comme ceux d'un lynx.

— Messieurs, dit d'Harmental après avoir répondu d'un signe à chacun d'eux, je suis bien neuf et bien nouveau parmi vous, bien ignorant surtout de ce qui se passe, et de ce à quoi je puis vous être bon; mais si ma parole est engagée depuis quelques minutes seulement, mon dévoûment à la cause qui nous réunit date de plusieurs années ; je vous prie donc de m'accorder la confiance qu'a si gracieusement réclamée pour moi son Altesse sérénissime. Tout ce que je demande ensuite, c'est une prompte occasion de vous prouver que j'en suis digne.

— A la bonne heure ! s'écria la comtesse du Maine, vivent les gens d'épée pour aller droit au but! Non, monsieur d'Harmental, non, nous n'aurons pas de secrets pour vous, et l'occasion que vous demandez, et qui remettra chacun de nous à sa véritable place, ne se fera pas attendre, je l'espère.

— Pardon, madame la duchesse, interrompit le cardinal en chiffonnant avec inquiétude son rabat de dentelle, mais, à la manière dont vous y allez, le chevalier pourrait croire qu'il s'agit d'une conspiration.

— Eh ! de quoi s'agit-il donc, cardinal ? demanda la duchesse du Maine avec impatience.

— Il s'agit, dit le cardinal, d'un conseil, occulte, il est vrai, mais qui n'a rien de répréhensible, dans lequel nous cherchons les moyens de remédier aux malheurs de l'État et d'éclairer la France sur ses véritables intérêts, en lui rappelant les dernières volontés du roi Louis XIV.

— Tenez, cardinal, dit la duchesse en frappant du pied, vous me ferez mourir d'impatience avec toutes vos circonlocutions ! Chevalier, continua-t-elle en se retournant vers d'Harmental, n'écoutez pas son Éminence, qui, dans ce moment-ci sans doute, pense à son *Anti-Lucrèce*. S'il se fût agi d'un simple conseil, avec l'excellente tête de son Éminence, nous nous serions tirés d'affaire et nous n'aurions pas eu besoin de vous. Il s'agit d'une belle et bonne conspiration contre le régent ; conspiration dont est le roi d'Espagne, dont est le cardinal Alberoni, dont est M. le duc du Maine, dont je suis, dont est le marquis de Pompadour, dont est M. de Malezieux, dont est l'abbé Brigaud, dont est Valef, dont vous êtes, dont est M. le cardinal lui-même, dont est le premier président, dont sera la moitié du Parlement et dont seront les trois quarts de la France ! Voilà ce dont il s'agit, chevalier. Êtes-vous content, cardinal ? Est-ce clair, Messieurs ?

— Madame ! murmura Malezieux en joignant les mains devant elle avec plus de dévotion qu'il n'eût certes fait devant la Vierge.

— Non, tenez, Malezieux, c'est qu'il me damne, continua la duchesse, avec ses tempéraments hors de saison ! Mon Dieu ! mais est-ce donc la peine d'être homme pour tâtonner éternellement ainsi ! Moi, je ne vous demande pas une épée, je ne vous demande pas un poignard ; qu'on me donne un clou seulement, et moi femme, et presque naine, j'irai, comme une nouvelle Jahel, le planter dans la tempe de cet autre Sisarra. Alors tout sera fini, et si j'échoue, il n'y aura que moi de compromise.

M. de Polignac poussa un profond soupir, Pompadour éclata de rire, Malezieux essaya de calmer la duchesse, l'abbé Brigaud baissa la tête et se remit à écrire comme s'il n'eût rien entendu.

Quant à d'Harmental, il eût voulu baiser le bas de la robe de madame du Maine, tant cette femme lui paraissait supérieure aux quatre hommes qui l'entouraient.

En ce moment, on entendit de nouveau le bruit d'une voiture qui entrait dans la cour et qui s'arrêtait devant le perron. Sans doute la personne attendue était une personne d'importance, car il se fit un grand silence, et la duchesse du Maine, dans son impatience, alla elle-même ouvrir la porte.

— Eh bien? demanda-t-elle.

— Le voilà, dit dans le corridor une voix

que d'Harmental crut reconnaître pour celle de sa chauve-souris.

— Entrez, entrez, prince! dit la duchesse! entrez! nous vous attendons.

VI.

LE PRINCE DE CELLAMARE..

Sur cette invitation, un homme grand, mince, grave et digne, au teint hâlé par le soleil, entra enveloppé dans son manteau, et d'un seul coup d'œil embrassa tout ce qu'il y avait dans cette chambre, hommes et choses. Le chevalier reconnut l'ambassadeur de Leurs

Majestés Catholiques, le prince de Cellamare.

— Eh bien ! prince, demanda la duchesse, que dites-vous de nouveau ?

— Je dis, Madame, répondit le prince en lui baisant respectueusement la main et en jetant son manteau sur un fauteuil, je dis que Votre Altesse Sérénissime devrait bien changer de cocher. Je lui prédis malheur si elle garde à son service le drôle qui m'a conduit ici ; il m'a tout l'air d'être payé par le régent pour rompre le cou à Votre Altesse et à ses amis.

Chacun éclata de rire et particulièrement le cocher lui-même, qui, sans façon, était entré derrière le prince, et qui, jetant sa houppelande et son chapeau sur une chaise voisine du fauteuil où le prince de Cellamare avait déposé son manteau, montra un homme de haute mine, âgé de 35 à 40 ans à peu près, et ayant tout le bas de la figure caché par une mentonnière de taffetas noir.

— Entendez-vous, mon cher Laval, ce que le prince dit de vous ? demanda la duchesse.

— Oui, oui, dit Laval ; on lui en donnera des Montmorency pour qu'il les traite de cette façon-là ! Ah ! monsieur le prince, les premiers barons chrétiens ne sont pas dignes de vous servir de cochers ? Peste ! vous êtes difficile ! En avez-vous beaucoup à Naples, de cochers qui datent de Robert-le-Fort ?

— Comment ! c'était vous, mon cher comte, dit le prince en lui tendant la main.

— Moi-même, prince. Madame la duchesse a envoyé son cocher faire la mi-carême dans sa famille et m'a pris à son service pour cette nuit ; elle a pensé que c'était plus sûr.

— Et madame la duchesse a bien fait, dit le cardinal de Polignac ; on ne peut prendre trop de précautions.

— Oui-dà, votre Éminence ! dit Laval. Je

voudrais bien savoir si vous seriez du même avis après avoir passé la moitié d'une nuit sur le siége d'une voiture, d'abord pour aller chercher M. d'Harmental au bal de l'Opéra, et ensuite pour aller prendre le prince à l'hôtel Colbert?

— Comment, dit d'Harmental, c'est vous, monsieur le comte, qui avez eu la bonté?..

— Oui, c'est moi, jeune homme, répondit Laval, et j'aurais été au bout du monde pour vous ramener ici, car je vous connais, vous êtes un brave : c'est vous qui êtes entré un des premiers à Denain et qui avez pris d'Albemare. Vous avez eu le bonheur de ne pas y laisser la moitié de votre mâchoire comme j'ai laissé la moitié de la mienne en Italie, et vous avez eu raison, car c'eût été un motif de plus de vous ôter votre régiment, comme ils l'ont fait du reste.

— Nous vous rendrons tout cela, comte, soyez tranquille, et au centuple, dit la duchesse; mais pour le moment parlons de l'Espagne. Prince, vous avez reçu des nouvelles d'Alberoni ? m'a dit Pompadour.

— Oui, Votre Altesse.

— Quelles sont-elles ?

— Bonnes et mauvaises à la fois. Sa Majesté Philippe V est dans un de ses moments de mélancolie et on ne peut le déterminer à rien. Il ne peut croire au traité de la quadruple alliance.

— Il n'y peut croire! s'écria la duchesse, et ce traité doit être signé à cette heure; et dans huit jours Dubois l'aura apporté ici!

— Je le sais, Votre Altesse, reprit froidement Cellamare; mais Sa Majesté Catholique ne le sait pas.

— Ainsi il nous abandonne à nous-mêmes!

— Mais... à peu près.

— Mais alors que fait donc la reine et à quoi aboutissent toutes ses belles promesses et ce prétendu empire qu'elle a sur son mari?

— Cet empire, Madame, répondit le prince, elle promet de vous en donner des preuves, lorsque quelque chose sera fait.

— Oui, dit le cardinal de Polignac ; et puis elle nous manquera de parole !

— Non, Votre Éminence : je me fais son garant.

— Ce que je vois de plus clair dans tout cela, dit Laval, c'est qu'il faut compromettre le roi ; une fois compromis, il marchera !

— Allons donc ! dit Cellamare, voilà que nous approchons.

— Mais comment le compromettre, demanda la duchesse du Maine, sans lettre de lui, sans message, même verbal, à cinq cents lieues de distance?

— N'a-t-il pas son représentant à Paris, et ce représentant n'est-il pas chez vous à cette heure, Madame?

— Tenez, prince, dit la duchesse, vous

avez des pouvoirs plus étendus que vous ne voulez l'avouer.

— Non ; mes pouvoirs se bornent à vous dire que la citadelle de Tolède et la forteresse de Saragosse sont à votre service. Trouvez le moyen d'y faire entrer le régent, et Leurs Majestés Catholiques fermeront si bien la porte sur lui qu'il n'en sortira plus, je vous en réponds !

— C'est impossible, dit M. de Polignac.

— Impossible, et pourquoi ? s'écria d'Harmental. Rien de plus simple, au contraire, surtout avec la vie que mène M. le régent. Que faut-il pour cela ? Huit ou dix hommes de cœur, une voiture bien fermée, et des relais jusqu'à Bayonne.

— J'ai déjà offert de m'en charger, dit Laval.

— Et moi aussi, dit Pompadour.

— Vous ne pouvez, vous, dit la duchesse ; si la chose échouait, le régent, qui vous connaît, saurait à qui il a eu affaire, et vous seriez perdus.

— C'est fâcheux, dit froidement Cellamare, car, arrivé à Tolède ou à Saragosse, il y a de la grandesse pour celui qui aura réussi.

— Et le cordon bleu, ajouta madame du Maine, à son retour de Paris.

— Oh ! silence, je vous en supplie, Madame, dit d'Harmental, car si Votre Altesse dit de pareilles choses, le dévoûment prendra un air d'ambition qui lui ôtera tout son mérite. J'allais m'offrir pour tenter l'entreprise, moi que le régent ne connaît pas, mais voilà que j'hésite maintenant. Et cependant, j'oserais dire que je me crois digne de la confiance de Votre Altesse et capable de la justifier.

— Comment, chevalier, s'écria la duchesse, vous risqueriez ?..

— Ma vie, c'est tout ce que je puis risquer. Je croyais que je l'avais déjà offerte à Votre

Altesse, et que Votre Altesse l'avait acceptée. M'étais-je trompé ?

— Non, non, chevalier, dit vivement la duchesse, et vous êtes un brave et loyal gentilhomme. Il y a des pressentiments, je l'ai toujours cru, et du moment où Valef a prononcé votre nom en me disant que vous étiez tel que vous êtes, j'ai eu l'idée que tout nous viendrait de vous. Messieurs, vous entendez ce que dit le chevalier. En quoi pouvez-vous l'aider ? Voyons.

— En tout ce qu'il voudra, dirent Laval et Pompadour.

— Les coffres de Leurs Majestés Catholiques sont à sa disposition, dit le prince de Cellamare, et il y peut puiser à pleines mains.

— Merci, Messieurs, dit d'Harmental en se tournant vers le comte de Laval et vers le marquis de Pompadour; vous ne feriez, connus comme vous l'êtes, que rendre l'entreprise plus difficile. Occupez-vous seulement de me procurer un passeport pour l'Espagne, comme si j'étais chargé d'y conduire quelque prisonnier d'importance. Cela doit être facile.

— Je m'en charge, dit l'abbé Brigaud; j'aurai chez M. d'Argenson une feuille toute préparée qu'il n'y aura plus qu'à remplir.

— Voyez ce cher Brigaud, dit Pompadour, il ne parle pas souvent, mais il parle bien.

— C'est lui qui devrait être cardinal, dit la duchesse, bien plutôt que certains grands seigneurs que je connais; mais une fois que nous disposerons du bleu et du rouge, soyez tranquilles, Messieurs, nous n'en serons point avares. Maintenant, chevalier, vous avez entendu ce que vous a dit le prince : si vous avez besoin d'argent...

—Malheureusement, répondit d'Harmental, je ne suis point assez riche pour refuser l'offre de Son Excellence, et, lorsque je serai arrivé à la fin d'un millier de pistoles peut-être que j'ai chez moi, il faudra bien que j'aie recours à vous.

— A lui, à moi, à nous tous, chevalier, car chacun, en pareille circonstance, doit se taxer selon ses moyens. J'ai peu d'argent comptant, mais j'ai force diamants et perles; ainsi ne vous laissez manquer de rien, je vous prie. Tout le monde n'a pas votre désintéressement, et il y a des dévoûments qui ne s'achètent qu'à prix d'or.

— Mais enfin, monsieur, avez-vous bien songé dans quelle entreprise vous vous jetez? Si vous étiez pris!

— Que Votre Éminence se rassure, répondit dédaigneusement d'Harmental, j'ai assez à me plaindre de M. le régent pour que l'on croie, si je suis pris, que c'est une affaire entre lui et moi et que ma vengeance est toute personnelle.

— Mais enfin, dit le comte de Laval, il faudrait une espèce de lieutenant dans cette entreprise, un homme sur lequel vous puissiez compter. Avez-vous quelqu'un?

— Je crois que oui, répondit d'Harmental. Seulement, il faudrait que je fusse prévenu chaque matin de ce que le régent fera chaque soir. Monsieur le prince de Cellamare, comme ambassadeur, doit avoir sa police secrète.

— Oui, dit le prince embarrassé; j'ai quelques personnes qui me rendent compte...

— C'est justement cela, dit d'Harmental.

— Mais où logez-vous? demanda le cardinal.

— Chez moi, Monseigneur, répondit d'Harmental, rue Richelieu, n° 74.

— Et combien y a-t-il de temps que vous y demeurez?

— Trois ans.

— Alors vous y êtes trop connu, Monsieur; il faut changer de quartier. On connaît les personnes que vous recevez, et lorsqu'on verrait des visages nouveaux, on s'inquièterait.

— Cette fois Votre Éminence a raison, dit d'Harmental ; je chercherai un autre logement dans quelque quartier perdu et éloigné.

— Je m'en charge, dit Brigaud. Le costume que je porte n'inspire pas de soupçons, je retiendrai votre logement comme s'il était destiné à un jeune homme de province qui me serait recommandé et qui viendrait occuper quelque place dans un ministère.

— Vraiment, mon cher Brigaud, dit le marquis de Pompadour, vous êtes comme cette princesse des Mille et une nuits, qui ne pouvait pas ouvrir la bouche qu'il n'en tombât des perles.

— Eh bien ! c'est chose convenue, monsieur l'abbé, dit d'Harmental ; je m'en rapporte à vous, et dès aujourd'hui j'annonce chez moi que je quitte Paris pour un voyage de trois mois.

— Ainsi donc, tout est arrêté, dit avec joie la duchesse du Maine. Voilà la première fois que nous voyons clair dans nos affaires, chevalier, et c'est grâce à vous. Je ne l'oublierai point.

— Messieurs, dit Malezieux en tirant sa montre, je vous ferai observer qu'il est quatre heures du matin et que nous ferons mourir de fatigue notre chère duchesse.

— Vous vous trompez, sénéchal, répondit la duchesse; de pareilles nuits reposent, il y a long-temps que je n'en ai passé une aussi bonne.

— Prince, dit Laval en reprenant sa houppelande, il faut que vous vous contentiez du cocher que vous vouliez faire mettre à la porte, à moins que vous n'aimiez mieux vous reconduire vous-même ou vous en aller à pied.

— Non, ma foi, dit le prince, je me risque, je suis Napolitain et je crois aux présages. Si vous me versez, ce sera signe qu'il faut nous en tenir où nous en sommes; si vous me conduisez à bon port, cela voudra dire que nous pouvons aller de l'avant.

— Pompadour, vous reconduisez M. d'Harmental ? dit la duchesse.

— Volontiers, répondit le marquis ; il y a long-temps que nous ne nous étions vus et nous avons mille choses à nous dire.

— Ne pourrais-je pas prendre congé de ma spirituelle chauve-souris ? demanda d'Harmental ; car je n'oublie pas que c'est à elle que je dois le bonheur d'avoir offert mes services à Votre Altesse.

— De Launay ! dit la duchesse en reconduisant jusqu'à la porte le prince de Cellamare et le comte de Laval, de Launay ! voici M. le chevalier d'Harmental qui prétend que vous êtes la plus grande sorcière qu'il ait vue de sa vie.

— Eh bien ! dit en entrant, le sourire sur les lèvres, celle qui a laissé depuis de si charmants mémoires sous le nom de madame de Staël, croyez-vous à mes prophéties maintenant, monsieur le chevalier ?

— J'y crois, parce que j'espère, répondit le chevalier ; mais à cette heure que je connais la fée qui vous avait envoyée, ce n'est point ce que vous m'avez prédit pour l'avenir qui m'étonne le plus : comment avez-vous pu être si bien instruite du passé et surtout du présent?

— Allons, de Launay, dit en riant la duchesse, sois bonne pour lui et ne le tourmente pas davantage, autrement il croirait que nous sommes deux magiciennes, et il aurait peur de nous.

— N'y a-t-il pas quelqu'un de vos amis, chevalier, demanda mademoiselle de Launay, qui vous ait quitté ce matin au bois de Boulogne pour nous venir dire adieu ?

— Valef! Valef! s'écria d'Harmental. Je comprends maintenant!

— Allons donc! dit madame du Maine. A la place d'OEdipe, vous auriez été mangé dix fois par le sphinx.

— Mais les mathématiques? mais Virgile? mais l'anatomie? reprit d'Harmental.

— Ignorez-vous, chevalier, dit Malezieux se mêlant de la conversation, que nous ne l'appelons ici que notre savante, à l'exception de Chaulieu cependant, qui l'appelle sa coquette et sa friponne, mais le tout par licence et par manière poétique.

—Comment, mais, ajouta la duchesse, nous l'avons lâchée l'autre jour après Duvernoy, notre médecin, et elle l'a battu sur l'anatomie!

— Aussi, dit le marquis de Pompadour en prenant le bras de d'Harmental pour l'emmener, le brave homme dans son désappointement a-t-il prétendu que c'était la fille de France qui connaissait le mieux le corps humain.

—Voilà, dit l'abbé Brigaud en pliant ses papiers, le premier savant qui se soit permis de faire un bon mot : il est vrai que c'est sans s'en douter.

Et d'Harmental et Pompadour ayant pris congé de la duchesse du Maine, se retirèrent en riant, suivis de l'abbé Brigaud, qui comptait sur eux pour ne pas s'en retourner à pied.

— Eh bien! dit madame du Maine en s'adressant au cardinal de Polignac qui était resté le dernier avec Malezieux, Votre Éminence trouve-t-elle toujours que ce soit une chose si terrible que de conspirer ?

— Madame, répondit le cardinal qui ne comprenait pas que l'on pût rire quand on jouait sa tête, je vous retournerai la question quand nous serons tous à la Bastille.

Et il s'en alla à son tour avec le bon chancelier, déplorant sa mauvaise fortune, qui le poussait dans une si téméraire entreprise.

La duchesse du Maine le regarda s'éloigner avec une expression de mépris qu'elle ne pouvait prendre sur elle de dissimuler ; puis, lorsqu'elle fut seule avec mademoiselle de Launay :

— Ma chère Sophie, lui dit-elle toute joyeuse, éteignons notre lanterne, car je crois que nous avons enfin trouvé un homme !

VII.

ALBERONI.

Lorsque d'Harmental se réveilla, il crut avoir fait un songe. Les évènements s'étaient, depuis trente-six heures, succédé avec une telle rapidité qu'il avait été emporté comme par un tourbillon sans savoir où il allait. Maintenant seulement, il se retrouvait en face de lui-même et pouvait réfléchir au passé et à l'avenir.

Nous sommes d'une époque où chacun a plus ou moins conspiré. Nous savons donc par nous-mêmes comment, en pareil cas, les choses se passent. Après un engagement pris, dans un moment d'exaltation quelconque, le premier sentiment qu'on éprouve, en jetant un coup d'œil sur la position nouvelle qu'on a prise, est un sentiment de regret d'avoir été si avant; puis, peu à peu on se familiarise avec l'idée des périls que l'on court; l'imagination, toujours si complaisante, les écarte de la vue pour présenter à leur place les ambitions qui peuvent se réaliser. Bientôt l'orgueil s'en mêle, on comprend qu'on est devenu tout à coup une puissance occulte dans cet état où, la veille, on n'était rien encore ; on passe dédaigneusement près de ceux qui vivent de la vie commune ; on marche la tête plus haute, l'œil plus fier ; on se berce dans ses espérances, on s'endort dans les nuages, et l'on s'éveille un matin vainqueur ou vaincu, porté sur les pavois du peuple, ou brisé par les rouages de cette machine qu'on appelle le gouvernement.

Il en fut ainsi de d'Harmental. L'âge dans lequel il vivait avait encore pour horizon la Ligue et touchait presque à la Fronde ; une génération d'hommes s'était écoulée à peine depuis que le canon de la Bastille avait soutenu la rébellion du grand Condé. Pendant cette génération, Louis XIV avait rempli la scène, il est vrai, de son omnipotente volonté ; mais Louis XIV n'était plus, et les petits-fils croyaient qu'avec le même théâtre et les mêmes machines, ils pouvaient jouer le même jeu qu'avaient joué leurs pères.

En effet, comme nous l'avons dit, après quelques instants de réflexion, d'Harmental revit les choses sous le même aspect qu'il les avait vues la veille, et se félicita d'avoir pris, comme il l'avait fait du premier coup, la première place au milieu d'aussi hauts personnages que l'étaient les Montmorency et les Polignac. Sa famille, par cela même qu'elle avait toujours vécu en province, lui avait transmis beaucoup de cette aventureuse chevalerie si à la mode sous Louis XIII, et que Richelieu n'avait pu détruire entièrement sur les échafauds, ni Louis XIV éteindre dans les antichambres. Il y avait quelque chose de romanesque à se ranger, jeune homme, sous les bannières d'une femme, surtout lorsque cette femme était la petite-fille du grand Condé. Et puis, on tient si peu à la vie à vingt-six ans, qu'on la risque à chaque instant pour des choses bien autrement futiles qu'une entreprise du genre de celle dont d'Harmental était devenu le principal chef.

Aussi résolut-il de ne point perdre de temps à se mettre en mesure de tenir les promesses qu'il avait faites. Il ne se dissimulait pas qu'à compter de cette heure, il ne s'appartenait plus à lui-même, et que les yeux de tous les conjurés, depuis ceux de Philippe V jusqu'à ceux de l'abbé Brigaud, étaient fixés sur lui. Des intérêts suprêmes venaient se rattacher à sa volonté, et de son plus ou moins de courage, de son plus ou moins de prudence, allaient dépendre les destins de deux royaumes et la politique du monde.

En effet, à cette heure, le régent était la clé de voûte de l'édifice européen, et la France, qui n'avait point encore de contrepoids dans le Nord, commençait à prendre, sinon par les armes, du moins par la diplomatie, cette influence qu'elle n'a malheureusement pas toujours conservée depuis. Placée, comme elle l'était, au centre du triangle formé par les trois grandes puissances, les yeux fixés sur l'Allemagne, un bras étendu vers l'Angleterre et l'autre vers l'Espagne, prête à se tourner en amie ou en ennemie vers celui de ces trois

États qui ne la traiterait pas selon sa dignité, elle avait pris, depuis dix-huit mois que le duc d'Orléans était arrivé aux affaires, une attitude de force calme qu'elle n'avait jamais eue, même sous Louis XIV. Cela tenait à la division d'intérêts qu'avaient amenée l'usurpation de Guillaume d'Orange, et l'avènement au trône de Philippe V. Fidèle à sa vieille haine contre le stathouder de Hollande, qui avait refusé sa fille, Louis XIV avait constamment appuyé les prétentions de Jacques II, et, après la mort de Jacques II, celles du chevalier de Saint-Georges. Fidèle à son pacte de famille avec Philippe V, il avait constamment soutenu, de secours d'hommes et d'argent, son petit-fils contre l'empereur, et, sans cesse affaibli par cette double guerre qui lui avait coûté tant d'or et de sang, il en avait été réduit à cette fameuse paix d'Utrecht qui lui rapporta tant de honte.

Mais à la mort du vieux roi tout avait changé,

et le régent avait adopté une marche non seulement nouvelle, mais opposée. Le traité d'Utrecht n'était qu'une trêve, laquelle était rompue du moment où la politique de l'Angleterre et de la Hollande ne poursuivait pas des intérêts communs avec la politique française. En conséquence, le régent avait tout d'abord tendu la main à Georges I*er*, et le traité de la triple alliance avait été signé à La Haye, le 4 février 1717, par l'abbé Dubois, au nom de la France, par le général Cadogan au nom de l'Angleterre, et par le pensionnaire Heinsius pour la Hollande. C'était un grand pas de fait dans la pacification de l'Europe, mais ce n'était pas un pas définitif. Les intérêts de l'Autriche et de l'Espagne demeuraient toujours en suspens. Charles VI ne reconnaissait pas encore Philippe V comme roi d'Espagne, et Philippe V, de son côté, n'avait pas voulu renoncer à ses droits sur les provinces de la monarchie espagnole que le traité d'Utrecht, en dédommagement du trône de Philippe II, avait cédées à l'empereur.

Dès lors le régent n'avait plus qu'une seule pensée, celle d'amener, par des négociations amicales, Charles VI à reconnaître Philippe V comme roi d'Espagne, et à contraindre, par la force s'il le fallait, Philippe V à abandonner ses prétentions sur les provinces transférées à l'empereur.

C'était dans ce but qu'au moment même où nous avons commencé ce récit, Dubois était à Londres, poursuivant le traité de la quadruple alliance avec plus d'ardeur encore qu'il ne l'avait fait pour celui de La Haye.

Or, ce traité de la quadruple alliance, en réunissant en un seul faisceau les intérêts de la France et de l'Angleterre, de la Hollande et de l'empire, neutralisait toute prétention de quelque autre État que ce fût, qui ne serait pas approuvée par les quatre puissances. Aussi était-ce là tout ce que craignait au monde

Philippe V, ou plutôt le cardinal Albironari, car, pour Philippe V, pourvu qu'il eût une femme et un prie-dieu, il ne s'occupait guère de ce qui se passait en dehors de sa chambre et de sa chapelle.

Mais il n'en était point ainsi d'Alberoni. C'était une de ces fortunes étranges comme les peuples en voient, de tout temps, avec un étonnement toujours nouveau, pousser autour des trônes; c'était un de ces caprices du destin que le hasard élève et brise, comme ces trombes gigantesques que l'on voit s'avancer sur l'Océan, menaçant de tout anéantir, et qu'un caillou lancé par la main du dernier matelot fait retomber en vapeur; c'était une de ces avalanches qui menacent d'engloutir les villes et de combler les vallées, parce qu'un oiseau, en prenant son vol, a détaché un flocon de neige du sommet des montagnes.

Ce serait une curieuse histoire à faire que

celle des grands effets produits par une petite cause depuis les Grecs jusqu'à nous.

L'amour d'Hélène amena la guerre de Troie, et changea la face de la Grèce. Le viol de Lucrèce chassa les Tarquins de Rome. Un mari insulté conduisit Brennus au Capitole. La Cava introduisit les Maures en Espagne. Une mauvaise plaisanterie écrite par un jeune fat sur la chaire d'un vieux doge, faillit bouleverser Venise. L'évasion de Dearbhorgil avec Mac Murchad produisit l'esclavage de l'Irlande. L'ordre donné à Cromwell de descendre du vaisseau sur lequel il était déjà embarqué pour se rendre en Amérique, eut pour résultat l'exécution de Charles Ier et la chute des Stuarts. Une discussion entre Louis XIV et Louvois, sur une fenêtre de Trianon, causa la guerre de Hollande. Un verre d'eau répandu sur la robe de Mistress Marsham, priva le duc de Malborough de son commandement et sauva la France par la paix d'Utrecht. Enfin l'Europe faillit être mise à feu et à sang parce que M. de Vendôme avait reçu l'évêque de Parme, assis sur sa chaise percée.

Ce fut la source de la fortune d'Alberoni.

Albéroni était né sous la hutte d'un jardinier. Enfant, il se fit sonneur de cloches; jeune homme, il troqua son sarreau de toile pour un petit collet. Il était d'humeur gaie et bouffonne. M. le duc de Parme l'entendit rire un matin de si bon cœur, que le pauvre duc, qui ne riait pas tous les jours, voulut savoir ce qui l'égayait ainsi, et le fit appeler. Alberoni lui raconta je ne sais quelle aventure grotesque; le rire gagna Son Altesse, et Son Altesse s'apercevant qu'il était bon de rire quelquefois, l'attacha à sa personne. Peu à peu, et tout en s'amusant de ses contes, le duc trouva que son bouffon avait de l'esprit, et comprit que cet esprit pourrait ne pas être incapable d'affaires. Ce fut sur ces entrefaites que revint, très-mortifié de l'accueil qu'il avait reçu du généralissime de l'armée française, le pauvre évêque de Parme, dont, en effet, on sait l'étrange réception. La susceptibilité de cet envoyé pouvait compromettre les graves intérêts que Son Altesse avait à débattre avec la France; Son Altesse jugea qu'Alberoni était justement l'homme qu'il lui fallait pour n'être humilié de rien, et il envoya l'abbé achever la négociation que l'évêque avait laissée interrompue.

M. de Vendôme, qui ne s'était point gêné pour un évêque, ne se gêna point pour un abbé, et reçut le second ambassadeur de Son Altesse comme il avait reçu le premier; mais, au lieu de suivre l'exemple de son prédécesseur, Alberoni tira de la situation même où se trouvait M. de Vendôme de si bouffonnes plaisanteries et de si singulières louanges que, séance tenante, l'affaire fut terminée et qu'il revint auprès du duc avec toutes choses arrangées à son souhait.

Ce fut une raison pour que le duc l'employât à une seconde affaire. Cette fois, M. de Vendôme allait se mettre à table. Alberoni, au lieu de lui parler d'affaires, lui demanda la permission de lui faire goûter deux plats de sa façon, descendit à la cuisine et remonta une soupe au fromage d'une main et un macaroni de l'autre. M. de Vendôme trouva la soupe si bonne qu'il voulut qu'Alberoni en mangeât avec lui, à sa table. Au dessert, Alberoni entama son affaire, et, profitant de la disposition où le dîner avait mis M. de Vendôme, il l'enleva à la pointe de sa fourchette. Son Altesse était émerveillée; les plus grands génies qu'elle avait eus auprès d'elle n'en avaient jamais fait autant.

Alberoni s'était bien gardé de donner sa recette au cuisinier. Aussi cette fois, ce fut M. de Vendôme qui fit demander au duc de Parme s'il n'avait rien à traiter avec lui. Son Altesse n'eût pas de peine à trouver un troisième motif d'ambassade et envoya de nouveau Alberoni. Celui-ci trouva moyen de persuader à son souverain que l'endroit où il lui serait le plus utile était près de M. de Vendôme, et, à M. de Vendôme, qu'il n'y avait pas moyen de vivre sans soupe au fromage et sans macaroni. En conséquence, M. de Vendôme l'attacha à son service, lui laissa mettre la main à ses affaires les plus secrètes, et finit par en faire son premier secrétaire.

Ce fut alors que M. de Vendôme passa en Espagne. Alberoni se mit en relation avec madame des Ursins, et quand M. de Vendôme mourut en 1712, à Tignaros, elle lui rendit auprès d'elle la position qu'il avait eue auprès du défunt : c'était monter toujours. Au reste, depuis son départ, Alberoni ne s'était point arrêté.

La princesse des Ursins commençait à se faire vieille, crime irrémissible aux yeux de Philippe V. Elle résolut de chercher, pour remplacer Marie de Savoie, une jeune femme, par l'intermédiaire de qui elle pût continuer de régner sur le roi. Alberoni lui proposa la fille de son ancien maître, la lui représenta comme une enfant sans caractère et sans volonté, qui ne réclamerait jamais de la royauté autre chose que le nom. La princesse des Ursins se laissa prendre à cette promesse, le mariage fut arrêté, et la jeune princesse quitta l'Italie pour l'Espagne.

Son premier acte d'autorité fut de faire arrêter la princesse des Ursins, qui était venue au-devant d'elle en habit de cour, et de la faire reconduire comme elle était, sans manteau, la poitrine découverte, par un froid de dix degrés, dans une voiture, dont un des gardes avait cassé la glace avec son coude, à Burgos d'abord, puis en France, où elle arriva, après avoir été forcée d'emprunter cinquante pistoles à ses domestiques. Son cocher eut le bras gelé, et on le lui coupa.

Après sa première entrevue avec Élisabeth Farnèse, le roi d'Espagne annonça à Alberoni qu'il était premier ministre.

De ce jour, grâce à la jeune reine qui lui devait tout, l'ex-sonneur de cloches avait exercé un empire sans bornes sur Philippe V.

Or, voici ce que rêvait Alberoni, qui, ainsi que nous l'avons dit, avait toujours empêché Philippe V de reconnaître la paix d'Utrecht. Si la conjuration réussissait, si d'Harmental parvenait à enlever le duc d'Orléans et à le conduire dans la citadelle de Tolède ou dans la forteresse de Saragosse, Alberoni faisait reconnaître M. du Maine pour régent, enlevait la France à la quadruple alliance, jetait le chevalier de Saint-Georges avec une flotte sur les côtes d'Angleterre, mettait la Prusse, la Suède et la Russie, avec lesquelles il avait un traité d'alliance, aux prises avec la Hollande. L'empire profitait de leur lutte pour reprendre Naples et la Sicile, et assurait le grand-duché de Toscane, prêt à rester sans maître par l'extinction des Médicis, au second fils du roi d'Espagne ; réunissait les Pays-Bas catholiques à la France, donnait la Sardaigne aux ducs de Savoie, Commachio au pape, Mantoue aux Vénitiens; se faisait l'âme de la grande ligue du midi contre le Nord, et si Louis XV venait à mourir, couronnait Philippe V roi de la moitié du monde.

Ce n'était pas mal calculé, on en conviendra, pour un faiseur de macaroni.

VIII.

UN PACHA DE NOTRE CONNAISSANCE.

Toutes ces choses étaient entre les mains d'un jeune homme de vingt-six ans; il n'était donc point étonnant qu'il se fût quelque peu effrayé d'abord de la responsabilité qui pesait sur lui. Comme il était au plus fort de ses réflexions, l'abbé Brigaud entra. Il s'était déjà occupé du futur logement du chevalier, et lui avait trouvé, n° 5, rue du Temps-Perdu, entre la rue du Gros-Chenet et la rue Montmartre, une petite chambre garnie, telle qu'il convenait à un pauvre jeune homme de province qui venait chercher fortune à Paris. Il lui apportait en outre deux milles pistoles de la part du prince de Cellamarre. D'Harmental voulait les refuser, car il lui semblait que de ce moment il n'agirait plus selon sa conscience ou par dévouement et qu'il se mettrait aux gages d'un parti ; mais l'abbé Brigaud lui fit comprendre que, dans une pareille entreprise, il y avait des susceptibilités à vaincre et des complices à payer, et que d'ailleurs, si l'affaire réussissait, il lui faudrait partir à l'instant même pour l'Espagne et s'ouvrir peut-être le chemin à force d'or.

Brigaud emporta un costume complet du chevalier pour lui acheter des habits à sa taille, et simples comme il convenait qu'en portât un jeune homme qui postulait une place de commis dans un ministère. C'était un homme précieux que l'abbé Brigaud.

D'Harmental passa le reste de la journée à faire les préparatifs de son prétendu voyage, ne laissa point, en cas d'évènement fâcheux, une seule lettre qui pût compromettre un ami; puis, lorsque la nuit fût venue, il s'achemina vers la rue Saint-Honoré, où, grâce à la Normande, il espérait avoir des nouvelles du capitaine Roquefinette.

En effet, du moment où on lui avait parlé d'un lieutenant pour son entreprise, il avait aussitôt pensé à cet homme que le hasard lui avait fait rencontrer, et qui lui avait donné, en lui servant de second, une preuve de son insoucieux courage. Il n'avait eu besoin que de jeter un coup-d'œil sur lui pour reconnaître un de ces aventuriers, reste des condottieri du moyen-âge, toujours prêts à vendre leur sang à quiconque en offre un bon prix, que la paix pousse sur le pavé, et qui alors mettent leur épée, devenue inutile à l'État, au service des individus. Un tel homme devait avoir de ces relations sombres et mystérieuses avec quelques-uns de ces individus sans nom, comme il s'en trouve toujours à la base des conspirations ; machines que l'on fait agir sans qu'elles sachent elles-mêmes ni quel est le ressort qui les met en jeu, ni quel est le résultat qu'elles produisent ; qui, soit que les choses échouent, soit qu'elles réussissent, se dispersent au bruit qu'elles font en éclatant au dessus de leur tête, et qu'on est tout étonné de voir disparaître dans les bas-fonds de la populace, comme ces fantômes qui s'abiment, après la pièce, à travers les trappes d'un théâtre bien machiné.

Le capitaine Roquefinette était donc indispensable aux projets du chevalier, et comme on devient superstitieux en devenant conspirateur, d'Harmental commençait à croire que c'était Dieu lui-même qui le lui avait amené par la main.

Le chevalier, sans être une pratique, était une connaissance de la Fillon. C'était du bon ton à cette époque, d'aller quelquefois au moins se griser chez cette femme quand on n'y allait pas pour autre chose. Aussi d'Harmental n'était-il pour elle, ni son fils, nom qu'elle donnait familièrement aux habitués, ni son compère, nom qu'elle réservait à l'abbé Dubois; c'était tout simplement monsieur le chevalier, marque de considération qui aurait fort humilié la plupart des jeunes gens à la mode de l'époque. La Fillon fut donc assez étonnée, lorsque d'Harmental, après l'avoir fait appeler, lui demanda s'il ne pourrait point parler à celle de ses pensionnaires qui était connue sous le nom de la Normande.

— O mon Dieu, monsieur le chevalier, lui dit-elle, je suis vraiment désolée qu'une chose comme cela arrive à vous, que j'aurais voulu attacher à la maison, mais la Normande est justement retenue jusqu'à demain soir.

— Peste ! dit le chevalier, quelle rage !

— Oh ! ce n'est pas une rage, reprit la Fillon, c'est un caprice d'un vieil ami à qui je suis toute dévouée.

— Quand il a de l'argent, bien entendu.

— Eh bien, voilà ce qui vous trompe ! Je lui fais crédit jusqu'à une certaine somme. Que voulez-vous, c'est une faiblesse, mais il faut bien être reconnaissante : c'est lui qui m'a lancée dans le monde, car telle que vous me voyez, monsieur le chevalier, moi qui ai eu ce qu'il y a de mieux à Paris, à commencer par M. le régent, je suis fille d'un pauvre porteur de chaise. Oh ! je ne suis pas comme la plupart de vos belles duchesses qui renient leur origine, et comme les trois quarts de vos ducs et pairs qui se font fabriquer des généalogies. Non, ce que je suis, je le dois à mon mérite, et j'en suis fière.

— Alors, dit le chevalier qui avait peu de curiosité dans la situation d'esprit où il se trouvait, pour l'histoire de la Fillon, si intéressante qu'elle fût, vous dites que la Normande sera ici demain soir.

— Elle y est, monsieur le chevalier, elle y est : seulement, comme je vous le dis, elle est à faire des folies avec quatre de ses amies et mon vieux reitre de capitaine.

— Dites donc, ma chère présidente, (c'était le nom qu'on donnait quelquefois à la Fillon, depuis certain quiproquo qu'elle avait eu avec une présidente qui avait l'avantage de porter le même nom qu'elle,) est-ce que par hasard votre capitaine serait mon capitaine ?

— Comment se nomme le vôtre ?

— Le capitaine Roquefinette.

— C'est lui-même !

— Il est ici ?

— En personne.

— Eh bien! c'est à lui justement que j'ai affaire, et je ne demandais la Normande que pour avoir l'adresse du capitaine.

— Alors tout va bien, dit la présidente.

— Ayez donc la bonté de le faire demander.

— Oh! il ne descendra pas, quand ce serait le régent lui-même qui aurait à lui parler. Si vous voulez le voir, il faut monter.

— Et où cela?

— A la chambre n° 2, celle où vous avez soupé l'autre soir avec le baron de Valef. Oh! quand il a de l'argent, rien n'est trop bon pour lui. C'est un homme qui n'est que capitaine, mais il a un cœur de roi.

— De mieux en mieux! dit d'Harmental en montant l'escalier sans que le souvenir de la mésaventure qui lui était arrivée dans cette chambre eût le pouvoir de détourner sa pensée de la nouvelle direction qu'elle avait prise;

un cœur de roi, ma chère présidente! c'est justement ce qu'il me faut.

Quand d'Harmental n'aurait pas connu la chambre en question, il n'aurait pas pu se tromper, car arrivé sur le premier palier il entendit la voix du brave capitaine qui lui eût servi de guide.

— Allons, mes petits amours, disait-il, le troisième et dernier couplet! et de l'ensemble à la reprise! Puis il entonna d'une magnifique voix de basse :

> Grand Saint-Roch, notre unique bien,
> Écoutez un peuple chrétien
> Accablé de malheurs, menacé de la peste;
> Nous ne craindrons rien de funeste.
> Venez nous secourir, soyez notre soutien,
> Détournez de sur nous la colère céleste,
> Mais n'amenez pas votre chien,
> Nous n'avons pas de pain de reste.

Quatre ou cinq voix de femmes reprirent en chœur :

> Mais n'amenez pas votre chien,
> Nous n'avons pas de pain de reste!

— C'est mieux, dit le capitaine, c'est mieux; passons maintenant à la bataille de Malplaquet.

— Oh! nenni, dit une voix. Votre bataille, j'en ai assez!

— Comment, tu as assez de ma bataille! une bataille où je me suis trouvé en personne, morbleu!

— Oh! ça m'est bien égal! j'aime mieux une romance que toutes vos méchantes chansons de guerre, pleines de jurons qui offensent le bon Dieu! et elle se mit à chanter :

> Linval aimait Arsène...
> Il ne put l'oublier.

— Silence! dit le capitaine. Est-ce que je ne suis plus le maître ici? Tant que j'aurai de l'argent, je veux qu'on m'amuse à ma manière. Quand je n'aurai plus le sou, ce sera autre chose : vous me chanterez vos guenilles de complaintes, je n'aurai plus rien à dire.

Il paraît que les convives du capitaine trouvèrent qu'il n'était pas de la dignité de leur sexe de souscrire aveuglément à une pareille prétention, car il se fit une telle rumeur que d'Harmental jugea qu'il était temps de mettre les holà ; en conséquence, il frappa à la porte.

— Tournez la bobinette, dit le capitaine, et la chevillette chéera.

En effet, contre toute probabilité, la clé était restée à la serrure. D'Harmental suivit donc de point en point l'instruction qui lui était donnée dans la langue du petit Chaperon Rouge, et ayant ouvert la porte, il se trouva en face du capitaine, couché sur le tapis, devant les restes d'un copieux dîner, appuyé sur des coussins, une camisole de femme sur les épaules, une grande pipe à la bouche et une nappe roulée autour de sa tête en guise de turban. Trois ou quatre filles étaient assises autour de lui. Sur un fauteuil étaient déposés son habit auquel on remarquait un ruban nouveau, son chapeau qui avait un galon neuf, et Colichemarde, cette fameuse épée qui avait inspiré à Ravanne sa facétieuse comparaison avec la maîtresse - broche de madame sa mère.

— Comment ! c'est vous, chevalier ! s'écria le capitaine. Vous me trouvez comme M. de Bonneval, dans mon sérail et au milieu de mes odalisques. Vous ne connaissez pas M. de Bonneval, Mesdemoiselles ? C'est un pacha à trois queues de mes amis, qui, comme moi, ne pouvait pas souffrir les romances, mais qui entendait un peu bien le maniement de la vie. Dieu me garde une fin comme la sienne ! c'est tout ce que je lui demande.

— Oui, c'est moi, Capitaine, dit d'Harmental, ne pouvant s'empêcher de rire du groupe grotesque qu'il avait sous les yeux. Je vois que vous ne m'aviez pas donné une fausse adresse, et je vous félicite de votre véracité.

— Soyez le bienvenu, chevalier ! dit le capitaine. Mesdemoiselles, je vous prie de servir monsieur exactement comme vous me traitez en toutes choses et de lui chanter les chansons qu'il voudra. Asseyez-vous donc, chevalier, et mangez, et buvez, comme si vous étiez chez vous, attendu que c'est votre cheval que nous buvons et mangeons. Il y est déjà passé plus d'à-moitié; pauvre animal ! mais les restes en sont bons.

— Merci, capitaine. Je viens de dîner moi-même, et je n'ai qu'un mot à vous dire, si vous le permettez.

— Non, pardieu ! je ne le permets pas, dit le capitaine; à moins que ce ne soit encore pour une rencontre. Oh ! cela passe avant tout ! Si c'est pour une rencontre, à la bonne heure! La Normande, allonge-moi ma brette!

— Non, capitaine, c'est pour affaire.

— Si c'est pour affaire, votre serviteur de tout mon cœur, chevalier! Je suis plus tyran que le tyran de Thèbes ou de Corinthe, Archias, Pélopidas, Léonidas, je ne sais plus quel Olibrius en as qui renvoyait les affaires au lendemain. Moi, j'ai de l'argent jusqu'à demain soir. Donc, après demain matin les affaires sérieuses.

— Mais du moins, après demain, capitaine, dit d'Harmental, je pais compter sur vous, n'est-ce pas?

— A la vie, à la mort, chevalier!

— Je crois aussi que l'ajournement est plus prudent.

— Prudentissime, dit le capitaine. Athenaïs, rallume-moi ma pipe.

— A après-demain donc.

— A après-demain. Mais où vous retrouverai-je?

— Promenez-vous de dix à onze heures du matin dans la rue du Temps-Perdu, regardez de temps en temps en l'air ; on vous appellera de quelque part.

— C'est dit, chevalier, de dix à onze heures du matin. Pardon si je ne vous reconduis pas, mais ce n'est pas l'habitude des Turcs.

Le chevalier lui fit signe de la main qu'il le dispensait de cette formalité, et ayant fermé la porte derrière lui, commença de descendre l'escalier. Il n'en était pas à la quatrième marche qu'il entendit le capitaine, fidèle à ses premières idées, entonner à tue-tête cette fameuse chanson des dragons de Malplaquet, qui fit peut-être couler autant de sang en duel, qu'il y en avait eu de répandu sur le champ de bataille.

IX.

LA MANSARDE.

Le lendemain, l'abbé Brigaud arriva chez le chevalier à la même heure que la veille. C'était un homme d'une exactitude parfaite. Il apportait trois choses fort utiles au chevalier : des habits, un passeport, et le rapport de la police du prince Cellamarre, sur ce que devait faire M. le régent dans la présente journée du 24 mars 1718.

Les habits étaient simples, comme il convient à un cadet de bonne bourgeoisie qui vient chercher fortune à Paris. Le chevalier les essaya, et grâce à sa bonne mine, il se trouva que tout simples qu'ils étaient, ils lui allaient à ravir. L'abbé Brigaud secoua la tête : il aurait mieux aimé que le chevalier eût moins belle tournure ; mais c'était un malheur irréparable, et il lui fallut s'en consoler.

Le passeport était au nom del senor Diego, intendant de la noble maison d'Oropesa, lequel avait mission de ramener en Espagne une espèce de maniaque, bâtard de la susdite maison dont la folie était de se croire régent de France. Cette précaution allait, comme on le voit, au devant de toutes les réclamations que le duc d'Orléans aurait pu faire du fond de sa voiture. Et comme le passeport était fort en règle, du reste, signé du prince de

Cellamarre et visé par messire Voyer-d'Argenson, il n'y avait aucun motif pour que le régent, une fois dans le carrosse, ne fît pas bonne route jusqu'à Pampelune, où tout serait dit. La signature surtout de messire Voyer-d'Argenson était imitée avec une vérité qui faisait le plus grand honneur aux calligaphes du prince de Cellamarre.

Quant au rapport, c'était un chef-d'œuvre de clarté et de ponctualisme. Nous le reproduisons textuellement, afin de donner à la fois une idée de la façon de vivre du prince et de la manière dont était faite la police de l'ambassadeur d'Espagne. Ce rapport était daté de deux heures de la nuit.

« Aujourd'hui, le régent se lèvera tard : il y a eu souper dans les petits appartements. Madame d'Averne y assistait pour la première fois, en remplacement de madame de Parabère. Les autres femmes étaient la duchesse de Falaris et Saleri, dame d'honneur de Madame. Les hommes étaient le marquis de Broglie, le comte de Nocé, le marquis de Canillac, le duc de Brancas et le chevalier de Simiane. Quant au marquis de Lafare et à M. de Fargy, ils étaient retenus dans leur lit par une indisposition dont on ignore la cause.

« A midi le conseil aura lieu. Le régent doit y communiquer, au duc du Maine, au prince de Conti, au duc de Saint-Simon, au duc de Guiche, etc., le projet de traité de la quadruple alliance, que lui a envoyé l'abbé Dubois en annonçant son retour pour dans trois ou quatre jours.

« Le reste de la journée est donné tout entier à la paternité. Avant-hier, M. le régent a marié une fille qu'il avait eue de la Desmarets, et qui avait été élevée chez les religieuses de Saint-Denis. Elle dîne avec son mari au Palais-Royal, et après le dîner, M. le régent la conduit à l'Opéra dans la loge de madame Charlotte de Bavière. La Desmarets, qui n'a pas vu sa fille depuis six ans, est prévenue que si elle veut la voir elle peut venir au théâtre.

« M. le régent, malgré son caprice pour madame d'Averne, fait toujours la cour à la marquise de Sabran. La marquise se pique encore de fidélité, non pas à son mari, mais au duc de Richelieu. Pour avancer ses affaires, M. le régent a nommé hier M. de Sabran son maître-d'hôtel. »

— J'espère que voilà de la besogne bien faite, dit l'abbé Brigaud lorsque le chevalier eut achevé ce rapport :

— Ma foi oui, mon cher abbé, répondit d'Harmental ; mais si le régent ne nous donne pas dans l'avenir de meilleures occasions d'exécuter notre entreprise, il ne me sera pas facile de le conduire en Espagne.

— Patience! patience! dit Brigaud ; il y a temps pour tout. Le régent nous offrirait une occasion aujourd'hui que vous ne seriez probablement pas en mesure d'en profiter.

— Non ; vous avez raison.

— Alors, vous voyez que ce que Dieu fait est bien fait : Dieu nous laisse la journée d'aujourd'hui ; profitons-en pour déménager.

Le déménagement n'était ni long ni difficile ; d'Harmental prit son trésor, quelques livres, le paquet qui contenait sa garde-robe, monta en voiture, se fit conduire chez l'abbé, renvoya sa voiture en disant qu'il allait le soir à la campagne et serait absent dix ou douze jours, et qu'on n'eût pas à s'inquiéter de lui ; puis, ayant échangé ses habits élégants contre ceux qui convenaient au rôle qu'il allait jouer, il alla, conduit par l'abbé Brigaud, prendre possession de son nouveau logement.

C'était une chambre, ou plutôt une mansarde avec un cabinet, située au quatrième, rue du Temps-Perdu, n° 5, laquelle est aujourd'hui la rue Saint-Joseph. La propriétaire de la maison était une connaissance de l'abbé Brigaud ; aussi, grâce à sa recommandation, avait-on fait pour le jeune provincial quelques frais extraordinaires : il y trouva des rideaux d'une blancheur parfaite, du linge d'une finesse extrême, une apparence de bibliothèque toute garnie ; de sorte qu'il vit du premier coup-d'œil, que, s'il n'était pas aussi bien que dans son appartement de la rue Richelieu, il serait au moins d'une façon tolérable.

Madame Denis, c'était le nom de l'amie de l'abbé Brigaud, attendait son futur locataire pour lui faire elle-même les honneurs de sa chambre ; elle lui en vanta tous les agréments, lui assura que, n'était la dureté des temps, il ne l'aurait pas eue pour le double ; lui certifia que sa maison était une des mieux famées du quartier, lui promit que le bruit ne le dérangerait pas de son travail, attendu que la rue étant trop étroite pour que deux voitures y passassent de front, il était très-rare que les cochers s'y hasardassent; toutes choses auxquelles le chevalier répondit d'une façon si modeste, qu'en redescendant au premier étage qu'elle habitait, madame Denis recommanda au concierge et à sa femme les plus grands égards pour son nouveau commensal.

Ce jeune homme, quoiqu'il pût certainement lutter de bonne mine avec les plus fiers seigneurs de la cour, lui paraissait bien loin d'avoir, surtout à l'égard des femmes, les manières lestes et hardies que les muguets de l'époque croyaient qu'il était de bon ton d'affecter. Il est vrai que l'abbé Brigaud, au nom de la famille de son pupille, avait payé un trimestre d'avance.

Un instant après, l'abbé descendit à son tour chez madame Denis, qu'il acheva d'édifier sur le compte de son jeune protégé, qui, dit-il, ne recevrait absolument personne autre que lui et un vieil ami de son père. Ce dernier, malgré des façons un peu brusques qu'il avait prises dans les camps, était un seigneur très-recommandable. D'Harmental avait cru devoir user de cette précaution pour que l'apparition du capitaine n'effarouchât point trop la bonne madame Denis dans le cas où, par hasard, elle viendrait à le rencontrer.

Resté seul, le chevalier, qui avait déjà fait l'inventaire de sa chambre, résolut, pour se distraire, de faire celui du voisinage; il ouvrit sa croisée et commença l'inspection de tous les objets que la rue pouvait embrasser.

Il put se convaincre tout d'abord de la vérité de l'observation que madame Denis avait faite relativement à la rue : à peine avait-elle dix ou douze pieds de large, et, du point élevé d'où les regards du chevalier plongeaient, elle lui paraissait plus étroite encore; ce peu de largeur, qui pour tout autre locataire eût sans doute été un défaut, lui parut au contraire une qualité, car il calcula aussitôt que dans le cas où il serait poursuivi, à l'aide d'une planche posée sur sa fenêtre et sur la fenêtre percée vis à vis, il pouvait passer de l'autre côté de la rue. Il était donc important d'établir à tout évènement avec les locataires de la maison en face des relations de bon voisinage.

Malheureusement chez le voisin ou chez la voisine on paraissait peu disposé à la sociabilité; non seulement la fenêtre était hermétiquement fermée comme le comportait l'époque de l'année dans laquelle on se trouvait, mais encore les rideaux de mousseline qui pendaient derrière les vitres étaient si exactement tirés qu'ils ne présentaient pas la plus petite ouverture par laquelle le regard pût pénétrer. Une seconde fenêtre, qui paraissait appartenir à la même chambre, était close avec une égale précision.

Plus favorisée que celle de madame Denis, la maison en face de la sienne avait un cinquième étage, ou plutôt une terrasse. Une dernière chambre mansardée et qui était située juste au dessus de la fenêtre si exactement fermée, donnait sur cette terrasse : c'était, selon toutes probabilités, la résidence d'un agronome distingué, car il était parvenu, à force de patience, de temps et de travail, à transformer cette terrasse en un jardin qui contenait dans douze ou quinze pieds carrés un jet d'eau, une grotte et un berceau. Il est vrai que le jet d'eau n'allait qu'à l'aide d'un réservoir supérieur, alimenté l'hiver par l'eau du ciel, et l'été par celle que le propriétaire y versait lui-même. Il est vrai également que la grotte, toute garnie de coquillages et surmontée d'une petite forteresse en bois, paraissait destinée dans quelque cas que ce fût à abriter, non pas un être humain, mais purement et simplement un individu de la race canine; il est vrai enfin que le berceau, entièrement dépouillé, par l'âpreté de l'hiver, du feuillage qui en faisait le charme principal, ressemblait pour le moment à une immense cage à poulets.

D'Harmental admira l'active industrie du bourgeois de Paris qui parvient à se créer une campagne sur le rebord de sa fenêtre, sur le coin d'un toit, et jusque dans le sillon de sa gouttière. Il murmura le fameux vers de Virgile : *O fortunatos nimium,* et puis, la brise étant assez froide, comme il n'apercevait qu'une suite assez monotone de toits, de cheminées et de girouettes, il referma sa croisée, mit bas son habit, s'enveloppa d'une robe de chambre qui avait le défaut d'être un peu trop confortable pour la situation présente de son maître, s'assit dans un assez bon fauteuil, allongea ses pieds sur ses chenets, étendit la main vers un volume de l'abbé de Chaulieu et se mit, pour se distraire, à lire les vers adressés à mademoiselle de Launay, dont lui avait parlé le marquis de Pompadour, et qui acquéraient pour lui un nouvel intérêt depuis qu'il en connaissait l'héroïne (1).

(1° Launay qui souverainement
Possède le talent de plaire, etc.

Le résultat de cette lecture fut que le chevalier, tout en souriant de l'amour octogénaire du bon abbé, s'aperçut que, plus malheureux que lui peut-être, il avait le cœur parfaitement vide. Sa jeunesse, son courage, son élégance, son esprit fier et aventureux, lui avaient valu force bonnes fortunes; mais dans tout cela il n'avait jamais rendu que ce qu'on lui offrait, c'est-à-dire, des liaisons éphémères. Un instant il avait cru aimer madame d'Averne et être aimé d'elle, mais de la part de la belle inconstante, cette grande passion n'avait pas tenu contre une corbeille de fleurs et de pierreries et contre la vanité de plaire au régent. Avant que cette infidélité ne fût faite, le chevalier avait cru qu'il serait au désespoir de cette infidélité : elle avait eu lieu, il en avait eu la preuve; il s'était battu, parce qu'à cette époque on se battait à propos de tout, ce qui tenait probablement à ce que le duel était sévèrement défendu; puis enfin il s'était aperçu du peu de place que tenait dans son cœur le grand amour auquel cependant il avait cru livrer son cœur tout entier. Il est vrai que les évènements advenus depuis trois ou quatre jours avaient nécessairement entraîné son esprit vers d'autres pensées, mais le chevalier ne se dissimulait pas qu'il n'en eût point été ainsi s'il avait été réellement amoureux. Un grand désespoir ne lui eût guère permis d'aller chercher une distraction au bal masqué, et s'il n'était point allé au bal masqué aucun des évènements qui s'étaient succédé d'une manière si rapide et si inattendue n'aurait eu son développement, n'ayant pas son point de départ. Le résultat de tout cela fut que le chevalier resta convaincu qu'il était parfaitement incapable d'une grande passion, et qu'il était seulement destiné à se rendre coupable envers les femmes d'une foule de ces charmantes scélératesses qui mettaient à cette époque un jeune seigneur à la mode. En conséquence, il se leva, fit dans sa chambre trois tours d'un air conquérant, poussa un profond soupir en pensant à quelle époque éloignée étaient probablement remis ces beaux projets et revint à pas lents de sa glace à son fauteuil.

Pendant le trajet, il s'aperçut que la fenêtre en face de la sienne, une heure auparavant si hermétiquement fermée, était enfin toute grande ouverte. Il s'arrêta par un mouvement machinal, écarta son rideau et plongea les yeux dans l'appartement qu'on livrait ainsi à son investigation.

C'était une chambre, selon toute apparence, occupée par une femme. Près de la croisée, sur laquelle une charmante petite levrette blanche et café au lait appuyait, en regardant curieusement dans la rue, ses deux pattes fines et élégantes, était un métier à broder. Au fond, en face de la fenêtre, un clavecin tout ouvert se reposait entre deux harmonies. Quelques pastels, encadrés dans des cadres de bois noir, relevés d'un petit filet d'or, étaient appendus aux murs recouverts d'un papier perse, et des rideaux d'indienne du même dessin que le papier retombaient derrière ces autres rideaux de mousseline si scrupuleusement appliqués aux carreaux. Par la seconde fenêtre entrebâillée, on apercevait les rideaux d'une alcôve qui probablement renfermait un lit. Le reste du mobilier était parfaitement simple, mais d'une propreté et d'une harmonie charmantes, qui étaient dues évidemment, non pas à la fortune, mais au goût de la modeste habitante de ce petit réduit.

Une vieille femme balayait, époussetait et rangeait, profitant de l'absence de la maîtresse du logis pour faire cette besogne de ménage ; car on ne voyait qu'elle dans la chambre, et cependant il était clair que ce n'était pas elle qui l'habitait.

Tout-à-coup la physionomie de la levrette, dont les grands yeux avaient erré jusque là de tous côtés avec l'insouciance aristocratique particulière à cet animal, parut s'animer ; elle pencha la tête dans la rue, puis, avec une légèreté et une adresse miraculeuses, elle sauta sur le rebord de la fenêtre et s'assit en dressant les oreilles et en levant une de ses pattes de devant. Le chevalier comprit alors à ces signes que la locataire de la petite chambre s'approchait ; il ouvrit aussitôt sa croisée. Malheureusement il était déjà trop tard, la rue était solitaire. Au même moment la levrette sauta de la fenêtre dans l'appartement, et courut à la porte. D'Harmental en augura que la jeune dame montait l'escalier, et pour la voir plus à son aise il se rejeta en arrière et se cacha au moyen de son rideau ; mais la vieille femme vint à la fenêtre et la referma. Le chevalier ne s'attendait pas à ce dénoûment, aussi en fut-il d'abord tout désappointé ; il referma sa fenêtre à son tour, et revint étendre ses pieds sur ses chenets.

La chose n'était pas fort distrayante, et ce fut alors que le chevalier, si répandu et si occupé habituellement de toutes ces petites choses de société qui deviennent le fond de la vie pour un homme du monde, sentit dans quel isolement il allait se trouver pour peu que sa retraite se prolongeât. Il se souvint qu'autrefois aussi il avait joué du clavecin et dessiné, et il lui sembla que, s'il avait la moindre épinette et quelques pastels, il prendrait le temps en patience. Il sonna le concierge et lui demanda où l'on pourrait se procurer ces objets. Le concierge répondit que tout surcroît de meubles était naturellement au compte du locataire, et que s'il voulait un clavecin il lui faudrait le louer; que, quant aux pastels, on en trouvait chez le papetier dont la boutique faisait le coin de la rue de Cléry et de la rue du Gros-Chenet. D'Harmental donna un double louis au concierge, et lui signifia que dans une demi-heure il désirait avoir une épinette et tout ce qu'il lui fallait pour dessiner. Le double louis était un argument dont il avait senti plus d'une fois l'efficacité. Cependant, se reprochant de l'avoir employé cette fois avec une légèreté qui donnait un démenti à sa position apparente, il rappela le concierge et lui dit qu'il entendait bien, pour son double louis, avoir non seulement papier et pastel, mais encore la location de son clavecin payée pour un mois. Le concierge répondit qu'à la rigueur et parce qu'il marchanderait comme pour lui-même, la chose était possible, mais que bien certainement il lui faudrait payer le transport. D'Harmental y consentit. Une demi-heure après, il était en possession des objets demandés, tant Paris était déjà une ville merveilleuse pour tout enchanteur qui avait une baguette d'or.

Le concierge, en redescendant, dit à sa femme que si le jeune homme du quatrième ne regardait pas de plus près à son argent, il pourrait bien ruiner sa famille ; et il lui montra deux écus de six francs qu'il avait économisés sur le double louis de leur locataire. La femme prit les deux écus des mains de son mari, en l'appelant ivrogne, et elle les serra dans un sac de peau caché sous un amas de vieilles nippes, en déplorant le malheur des pères et mères qui se saignent pour de pareils garnements!

Ce fut l'oraison funèbre du double louis du chevalier.

X.

UN BOURGEOIS DE LA RUE DU TEMPS-PERDU

Pendant ce temps d'Harmental s'était assis devant son épinette et tapait dessus de son mieux ; le marchand y avait mis une sorte de conscience et lui avait envoyé un instrument à peu près d'accord, de sorte que le chevalier s'aperçut qu'il faisait merveille, et commença à croire qu'il était né avec le génie de la musique et qu'il ne lui avait manqué jusqu'alors qu'une circonstance comme celle où il se trouvait pour que ce génie se développât. Sans doute il y avait quelque chose de vrai au fond de tout cela, car au milieu d'une trille des plus éblouissantes il vit, de l'autre côté de la rue, cinq petits doigts qui soulevaient délicatement le rideau pour reconnaître d'où venait cette harmonie inaccoutumée. Malheureusement, à la vue de ces petits doigts, le chevalier oublia sa musique, se retourna vivement sur son tabouret dans l'espérance d'apercevoir une figure derrière la main. Cette manœuvre mal calculée le perdit. La maîtresse de la petite chambre, surprise en flagrant délit de curiosité, laissa retomber le rideau. D'Harmental, blessé de cette pruderie, s'en alla fermer sa fenêtre, et pendant tout le reste de la journée il bouda sa voisine.

La soirée se passa à dessiner, à lire et à jouer

du clavecin. Le chevalier n'aurait jamais cru qu'il y avait tant de minutes dans une heure, et tant d'heures dans un jour. A dix heures du soir, il sonna le concierge afin de lui donner ses ordres pour le lendemain. Mais le concierge ne répondit pas : il était couché depuis long-temps. Madame Denis avait dit vrai : sa maison était une maison tranquille. D'Harmental apprit alors qu'il y avait des gens qui se mettaient au lit au moment où il avait l'habitude de monter en voiture pour commencer ses visites. Cela lui donna fort à penser sur les mœurs étranges de cette classe infortunée de la société qui ne connaissait ni l'Opéra ni les petits soupers, et qui dormait la nuit et veillait le jour. Il pensa qu'il fallait venir dans la rue du Temps-Perdu pour voir de pareilles choses, et il se promit bien d'en égayer ses amis quand il pourrait leur raconter cette singularité.

Cependant une chose lui fit plaisir, c'est

que sa voisine veillait comme lui : cela indiquait en elle un esprit supérieur à celui des vulgaires habitants de la rue du Temps-Perdu. D'Harmental croyait encore que l'on ne veillait que parce qu'on n'avait pas envie de dormir ou parce que l'on avait envie de s'amuser. Il oubliait ceux qui veillent parce qu'ils ne peuvent pas faire autrement.

A minuit la lumière s'éteignit dans la chambre en face, et d'Harmental à son tour se décida à se coucher.

Le lendemain, à huit heures, l'abbé Brigaud était chez lui ; il présenta à d'Harmental le second rapport de la police secrète du prince de Cellamare ; celui-ci était conçu en ces termes :

« Trois heures du matin...

« Vu la conduite régulière qu'il a menée hier, M. le régent a donné l'ordre qu'on le réveillât à neuf heures.

« Il recevra quelques personnes désignées à son lever.

« De dix heures à midi, il y aura audience publique.

« De midi à une heure, M. le régent travaillera à ses espionnages avec La Vrillière et Leblanc.

« De une heure à deux, il ouvrira les lettres avec Torcy.

« A deux heures et demie, il passera au conseil de régence et fera visite au roi.

« A trois heures, il se rendra au jeu de courte paume de la rue de Seine, pour soutenir avec Brancas et Canillac un défi contre le duc de Richelieu, le marquis de Broglie et le comte de Gacé.

« A six heures, il ira souper au Luxembourg chez madame la duchesse de Berry, et il y passera la soirée.

« De là il reviendra, *sans gardes*, au Palais-

Royal, à moins que la duchesse de Berry ne lui donne une escorte des siens. »

— Peste! *sans gardes*, mon cher abbé ; que pensez-vous de cela? dit d'Harmental tout en se mettant à sa toilette. Est-ce que l'eau ne vous en vient pas à la bouche?

— Sans gardes, oui, répondit l'abbé; mais avec des coureurs, mais avec des piqueurs, mais avec un cocher, tous gens qui se battent très peu, il est vrai, mais qui crient très haut. Oh! patience, patience, mon jeune ami! Vous êtes donc bien pressé d'être grand d'Espagne?

— Non, mon cher abbé, mais je suis pressé de ne pas vivre dans une mansarde où tout me manque et où je suis obligé de faire ma toilette tout seul, comme vous voyez. Vous croyez donc que ce n'est rien que de se coucher à dix heures le soir et de s'habiller sans valet de chambre le matin!

— Oui, mais vous avez de la musique, reprit l'abbé.

— Ah! en effet, dit d'Harmental. L'abbé, ouvrez donc ma fenêtre, je vous prie, que l'on voie que je reçois bonne compagnie. Cela me fera honneur auprès de mes voisins.

— Tiens, tiens, tiens! dit l'abbé en faisant ce dont le priait le chevalier; mais ce n'est pas mal du tout, cela!

— Comment! pas mal, reprit à son tour d'Harmental, mais c'est très bien au contraire: c'est de l'*Armide*, pardieu! Le diable m'emporte si je croyais trouver cela au quatrième étage et rue du Temps-Perdu!

— Chevalier, je vous prédis une chose, dit l'abbé: c'est que pour peu que la chanteuse soit jeune et jolie, nous aurons dans huit jours autant de peine à vous faire sortir d'ici que nous en avons maintenant à vous y faire rester.

— Mon cher abbé, répondit d'Harmental en secouant la tête, si votre police était aussi bien faite que celle du prince de Cellamare, vous sauriez que je suis guéri de l'amour pour long-temps; et la preuve, la voici : ne croyez pas que je passe mes journées à soupirer; je vous prierai donc, en descendant, de m'envoyer quelque chose comme un pâté et une douzaine de bouteilles d'excellents vins. Je m'en rapporte à vous : je sais que vous êtes connaisseur; d'ailleurs, envoyées par vous, elles témoigneront d'une attention de tuteur; achetées par moi, elles témoigneraient d'une débauche de pupille; et j'ai ma réputation provinciale à garder à l'endroit de madame Denis.

—C'est juste; je ne vous demande pas pourquoi faire, je m'en rapporte à vous.

— Et vous avez raison, mon cher abbé; c'est pour le bien de la cause.

-- Dans une heure, le pâté et le vin seront ici.

— Quand vous reverrai-je?

— Demain probablement.

— Ainsi donc, à demain.

— Vous me renvoyez ?

—J'attends quelqu'un.

— Toujours pour la bonne cause?

— Je vous en réponds. Allez, et que Dieu vous garde !

— Restez, et que le diable ne vous tente pas! Souvenez-vous que c'est la femme qui nous a fait chasser tous autant que nous sommes du paradis terrestre. Défiez-vous de la femme!

—Amen! dit le chevalier en faisant de la main un dernier signe à l'abbé Brigaud.

En effet, comme l'avait remarqué le bon abbé, d Harmental avait hâte qu'il fût parti. Son grand amour pour la musique, qu'il avait découvert de la veille seulement, avait fait de tels progrès qu'il était désireux de n'être distrait en rien de ce qu'il venait d'entendre. Autant que le permettait cette maudite fenêtre toujours fermée, ce qui parvenait au chevalier, tant de l'instrument que de la voix, révélait dans sa voisine une excellente musicienne : le doigté était savant, la voix était douce quoique étendue, et avait, dans les cordes hautes, de ces vibrations profondes qui répondent au cœur. Aussi, après un passage très difficile et parfaitement exécuté, d'Harmental ne put-il s'empêcher de battre des mains et de crier bravo. Par malheur encore, ce triomphe auquel, dans sa solitude, elle n'était point habituée, au lieu d'encourager la musicienne, l'intimida sans doute à un tel point que clavecin et voix, tout s'arrêta à l'instant même, et que le silence succéda immédiatement à la mélodie pour laquelle le chevalier avait si imprudemment manifesté son enthousiasme.

En échange, il vit s'ouvrir la porte de la chambre au-dessus, qui, comme nous l'avons dit, donnait sur la terrasse. Il en sortit d'abord une main étendue qui visiblement interrogeait le temps. La réponse du temps fut rassurante, selon toute vraisemblance, car la main fut presque aussitôt suivie d'une tête coiffée d'un petit bonnet d'indienne serré sur le front par un ruban de soie gorge de pigeon, et la tête à son tour ne précéda que de quelques instants un avant-corps couvert d'une espèce de robe de chambre en façon de camisole et de la même étoffe que le bonnet. Cela ne permettait point encore au chevalier de reconnaître bien précisément à quel sexe appartenait l'individu qui semblait avoir tant de peine à se hasarder à l'air du matin. Enfin une espèce de rayon de soleil ayant glissé entre deux nuages, encouragea, à ce qu'il parut, le timide locataire de la terrasse, qui se détermina à sortir tout-à-fait. D'Harmental reconnut alors, à sa culotte courte de velours noir et à ses bas chinés, que le personnage qui venait d'entrer en scène était du sexe masculin.

C'était l'horticulteur dont nous avons parlé.

Le mauvais temps des jours précédents l'avait sans doute privé de sa promenade matinale et l'avait empêché de donner à son jardin ses soins accoutumés, car il commença à le parcourir avec une inquiétude visible d'y trouver quelque accident produit par le vent et par la pluie; mais après une visite minutieuse du jet d'eau, de la grotte et du berceau, qui étaient les trois principaux ornements, l'excellente figure de l'horticulteur s'éclaira d'un rayon de joie comme le temps venait de faire d'un rayon de soleil. Il s'était aperçu non seulement que toute chose était à sa place, mais encore que son réservoir était plein à déborder. Il crut donc pouvoir se donner le plaisir de faire jouer ses eaux, prodigalité qu'ordinairement, à l'instar du roi Louis XIV, il ne se permettait que le dimanche. Il tourna un robinet, et la gerbe hebdomadaire s'éleva majestueusement à la hauteur de quatre ou cinq pieds.

Le bonhomme en eut une joie si grande qu'il se mit à chanter le refrain d'une vieille chanson pastorale avec laquelle d'Harmental avait été bercé, et que, tout en répétant

Laissez-moi aller,
Laissez-moi jouer,
Laissez-moi aller jouer sous la coudrette,

il courut à sa fenêtre et appela deux fois à haute voix :

— Bathilde ! Bathilde !

Le chevalier comprit alors qu'il y avait une communication architecturale entre la chambre du cinquième et celle du quatrième, et une relation quelconque entre l'horticulteur et la musicienne. Or, comme il pensa que, vu la modestie dont elle venait de lui donner une preuve, la musicienne, s'il restait à sa fenêtre, pourrait bien ne pas monter sur la terrasse, il referma sa croisée d'un air d'insouciance parfaite, tout en ayant soin de se ménager derrière le rideau une petite ouverture par laquelle il pouvait tout voir sans être vu.

Ce qu'il avait prévu arriva. Au bout d'un instant, une charmante tête de jeune fille parut dans l'encadrement de la fenêtre; mais comme sans doute le terrain sur lequel s'était hasardé avec tant de courage celui qui l'avait appelée était trop humide, elle ne voulut point aller plus loin. La petite levrette, non moins craintive que sa maîtresse, resta près d'elle, ses pattes blanches posées sur le rebord de la fenêtre et secouant la tête en signe de négation à toutes les instances qui lui furent faites pour l'attirer plus loin que sa maîtresse ne voulait aller.

Cependant, il s'établit un dialogue de quelques minutes entre le bonhomme et la jeune fille. D'Harmental eut donc le loisir de l'examiner avec d'autant moins de distraction que sa fenêtre étant fermée lui permettait de voir sans entendre.

Elle paraissait arrivée à cet âge délicieux de la vie où la femme, passant de l'enfance à la jeunesse, sent tout fleurir dans son cœur et sur son visage, sentiment, grace et beauté. Au premier coup-d'œil, on voyait qu'elle n'avait pas moins de seize ans, mais pas plus de dix-huit. Il existait en elle un singulier mélange de deux races : elle avait les cheveux blonds, le teint mat et le col ondoyant d'une Anglaise, avec les yeux noirs, les lèvres de corail et les dents de perles d'une Espagnole. Comme elle ne mettait ni blanc ni rouge, et comme à cette époque la poudre commençait à peine à être de mode, et d'ailleurs était réservée aux têtes aristocratiques, son teint éclatait de sa propre fraîcheur, et rien ne ternissait la délicieuse nuance de sa chevelure. Le chevalier resta comme en extase. En effet, il n'avait vu dans sa vie que deux genres de femmes : les grosses et rondes paysannes du Nivernais, avec leurs gros pieds, leurs grosses mains, leurs jupons courts et leurs chapeaux en cor de chasse; et les femmes de l'aristocratie parisienne, belles sans doute, mais de cette beauté étiolée par les veilles, par le plaisir, par cette transposition de la vie qui les fait ce que seraient des fleurs qui ne verraient du soleil que quelques rares rayons, et à qui l'air vivifiant du matin et du soir n'arriverait qu'à travers les vitres d'une serre chaude. Il ne connaissait donc pas ce type bourgeois, ce type intermédiaire, si on peut le dire, entre la haute société et la population des campagnes, qui a toute l'élégance de l'une et toute la fraîche santé de l'autre. Aussi, comme nous l'avons dit, resta-t-il cloué à sa place, et, long-temps après que la jeune fille était rentrée, avait-il les yeux encore fixés sur la fenêtre où était apparue cette délicieuse vision.

Le bruit de sa porte qui s'ouvrait le tira de son extase : c'étaient le pâté et le vin de l'abbé Brigaud qui faisaient leur entrée solennelle dans la mansarde du chevalier. La vue de ces provisions lui rappela qu'il avait pour le moment autre chose à faire que de se livrer à la vie contemplative, et qu'il avait donné, pour affaires d'une bien grande importance, rendez-vous au capitaine Roquefinette. En conséquence il tira sa montre et il s'aperçut qu'il était dix heures du matin. C'était, on s'en souvient, l'heure convenue. Il donna congé au porteur des comestibles aussitôt qu'il les eut déposés sur la table, se chargea lui-même du reste du service, afin de n'avoir pas besoin d'immiscer le concierge dans ses petites affaires, et ouvrant de nouveau sa fenêtre, il se mit à guetter l'apparition du capitaine Roquefinette.

XI.

LE PACTE.

Il était à peine à son observatoire qu'il aperçut le digne capitaine qui débouchait par la rue du Gros-Chenet, le nez au vent, la main sur la hanche, et avec l'allure martiale et décidée d'un homme qui, comme le philosophe grec, sent qu'il porte tout avec soi. Son chapeau, thermomètre auquel ses familiers pouvaient reconnaître l'état secret des finances de son maître, et qui dans les jours de fortune était posé aussi carrément sur sa tête qu'une pyramide l'est sur sa base, son chapeau avait repris cette miraculeuse inclinaison qui avait tant frappé le baron de Valef, et grace à laquelle une de ses trois cornes touchait presque l'épaule droite, tandis que la corne parallèle aurait pu donner à Franklin quarante ans plus tôt, si Franklin eût rencontré le capitaine, la première idée du paratonnerre. Arrivé au tiers de la rue, il leva la tête, ainsi que la chose était convenue, et juste au dessus de lui il remarqua le chevalier. Celui qui attendait et celui qui était attendu échangèrent un signe, et le capitaine, ayant calculé ses distances avec un coup d'œil tout stratégique et reconnu la porte qui devait correspondre à la fenêtre, franchit le seuil de la paisible maison de madame Denis avec le même air de familiarité que si c'était celui d'une taverne. Le chevalier, de son côté, referma sa croisée et tira devant elle les rideaux avec le plus grand soin. Était-ce pour n'être point vu avec le capitaine par sa belle voisine? Était-ce pour que le capitaine ne la vît pas elle-même?

Au bout d'un instant, d'Harmental entendit les pas du capitaine et le bruit de son épée, l'illustre Colichemarde, qui battait contre les barres de l'escalier. Arrivé au troisième, comme la lumière qui venait d'en bas n'était alimentée par aucun autre jour, le capitaine se trouva fort embarrassé, ne sachant pas s'il devait s'arrêter ou passer outre. Aussi, après avoir toussé de la façon la plus significative, voyant que cet appel était resté incompris de celui qu'il cherchait :

— Morbleu! dit-il, chevalier, comme vous ne m'avez probablement pas fait venir pour que je me casse le cou, ouvrez votre porte ou chantez, que je sois guidé par la lumière du ciel ou par le son de votre voix. Autrement, je suis perdu, ni plus ni moins que Thésée dans le labyrinthe.

Et le capitaine se mit à chanter lui-même à tue-tête :

> Belle Ariane, je vous prie,
> Prêtez-moi votre peloton,
> Tonton, tonton, tontaine, tonton !

Le chevalier courut à la porte et l'ouvrit.

— A la bonne heure! dit le capitaine qui commençait à apparaître dans la demi-teinte. C'est que l'échelle de votre pigeonnier est noire en diable. Mais enfin me voilà, fidèle à la consigne, solide au poste, exact au rendez-vous. Dix heures sonnaient à la Samaritaine juste au moment où je passais sur le Pont-Neuf.

— Oui, vous êtes homme de parole, je le vois, dit le chevalier en tendant la main au capitaine, mais entrez vite : il est important que mes voisins ne fassent point attention à vous.

— En ce cas, je suis muet comme une tanche, répondit le capitaine. Au surplus, ajouta-t-il en montrant le pâté et les bouteilles qui couvraient la table, vous avez deviné le véritable moyen de me fermer la bouche.

Le chevalier poussa la porte derrière le capitaine et mit le verrou.

— Ah! ah! du mystère? Tant mieux! je suis pour le mystère, moi. Il y a presque toujours quelque chose à gagner avec les gens qui commencent par vous dire : Chûuut ! En tout cas, vous ne pouviez pas mieux vous adresser qu'à votre serviteur, continua le capitaine en revenant à son langage mythologique, vous voyez en moi le petit-fils d'Harpocrate, dieu du silence. Ainsi ne vous gênez pas.

— C'est bien, capitaine, reprit d'Harmental, car je vous avoue que j'ai des choses assez importantes à vous dire pour réclamer d'avance votre discrétion.

— Elle vous est acquise, chevalier. Pendant que je donnais une leçon au petit Ravanne, je vous ai vu du coin de l'œil manier l'épée en amateur, et j'aime les gens braves. Et puis en remercîment d'un petit service qui ne valait pas une chiquenaude, vous m'avez fait cadeau d'un cheval qui valait cent louis, et j'aime les gens généreux. Donc, puisque vous êtes deux fois mon homme, pourquoi ne serais-je pas une fois le vôtre ?

— Allons, dit le chevalier, je vois que nous pourrons nous entendre.

— Parlez et je vous écoute, répondit le capitaine en prenant son air le plus grave.

— Vous m'écouterez mieux assis, mon cher hôte; mettons-nous à table, et déjeûnons.

— Vous prêchez comme Saint-Jean-Bouche-d'Or, chevalier, dit le capitaine en détachant son épée et la posant avec son chapeau sur le clavecin, de sorte, continua-t-il en s'asseyant en face de d'Harmental, qu'il n'y a pas moyen d'être d'un autre avis que vous. Me voilà; commandez la manœuvre, et je l'exécute.

— Goûtez ce vin pendant que j'attaque le pâté.

— C'est juste, dit le capitaine : divisons

nos forces et battons l'ennemi séparément ; puis nous nous réunirons pour exterminer ce qui en restera.

Et joignant l'application à la théorie, le capitaine saisit au collet la première bouteille venue, fit sauter le bouchon, et s'étant versé une pleine rasade, il l'avala avec une telle facilité qu'on eût pu croire que la nature l'avait doué d'un mode de déglutition tout particulier. Mais aussi, il faut lui rendre justice, à peine le vin fut-il bu qu'il s'aperçut que la liqueur qu'il venait d'entonner si cavalièrement méritait un degré d'attention fort supérieur à celui qu'il lui avait accordé.

— Oh ! oh ! dit-il en faisant clapper sa langue et en reposant avec une lenteur pleine de respect son verre sur la table, qu'est-ce que je fais donc là, indigne que je suis ! j'avale du nectar comme si c'était de la piquette! et cela au commencement d'un repas! Ah! continuat-il, se versant un second verre de la même bouteille, en secouant la tête, Roquefinette, mon ami, tu commences à te faire vieux. Il y a dix ans, à la première goutte qui aurait touché ton palais, tu aurais su à qui tu avais affaire, tandis que maintenant il te faut plusieurs essais pour connaître la valeur des choses. A votre santé, chevalier !

Et cette fois le capitaine, plus circonspect, avala lentement son second verre, se reprenant à trois fois pour le vider, et clignant des yeux en signe de satisfaction ; puis, quand il eut fini :

— C'est de l'Ermitage de 1702, l'année de la bataille de Friedlenden ! Si votre fournisseur en a beaucoup comme celui-là et s'il fait crédit, donnez-moi son adresse : je lui promets une fière pratique !

— Capitaine, répondit le chevalier en faisant glisser une énorme tranche de pâté sur l'assiette de son convive, non seulement mon fournisseur fait crédit, mais encore à mes amis il le donne pour rien.

— Oh! l'honnête homme! s'écria le capitaine avec un ton pénétré. Et, après un instant de silence, pendant lequel un observateur superficiel aurait pu le croire absorbé par l'appréciation du pâté comme il l'avait été un instant auparavant par celle du vin, posant ses deux coudes sur la table, et regardant d'Harmental d'un air narquois entre son couteau et sa fourchette :

— Ainsi donc, mon cher chevalier, dit-il, nous conspirons et nous avons besoin pour réussir, à ce qu'il paraît, que ce pauvre capitaine Roquefinette nous donne un coup de main?

— Et qui vous a dit cela, capitaine? interrompit le chevalier en tressaillant malgré lui.

—Qui m'a dit cela? pardieu! la belle charade à deviner! Un homme qui donne des chevaux de cent louis, qui boit à son ordinaire du vin à une pistole la bouteille, et qui loge dans une mansarde rue du Temps-Perdu, que diable voulez-vous qu'il fasse s'il ne conspire pas?

— Eh bien! capitaine, dit en riant d'Harmental, je ne ferai pas le discret : vous pourriez bien avoir deviné juste. Est-ce qu'une conspiration vous effraie? continua-t-il en versant à boire à son hôte.

—Moi, m'effrayer? Qui est-ce qui a dit qu'il y avait une chose au monde qui effrayait le capitaine de Roquefinette?

— Ce n'est pas moi, capitaine, puisque sans vous connaître, à la première vue, aux premières paroles échangées, j'ai jeté les yeux sur vous pour vous offrir d'être mon second.

— Ah! c'est-à-dire que si vous êtes pendu

à une potence de vingt pieds, je serai pendu, moi, à une potence de dix ; voilà tout.

— Peste ! capitaine, dit d'Harmental en lui versant de nouveau à boire, si l'on commençait, comme vous le faites, par envisager les choses sous leur mauvais côté, on n'entreprendrait jamais rien.

— Parce que j'ai parlé de potence ? répondit le capitaine. Mais cela ne prouve rien. Qu'est-ce que la potence aux yeux du philosophe ? Une des mille manières de sortir de la vie, et certainement une des moins désagréables. On voit bien que vous n'avez jamais regardé la chose en face pour en faire le dégoûté. D'ailleurs, en faisant nos preuves, nous aurons le cou coupé comme M. de Rohan. Avez-vous vu couper le cou à M. de Rohan ? reprit le capitaine en regardant en face d'Harmental. C'était un beau jeune homme comme vous, de votre âge à peu-près. Il avait conspiré, comme vous voulez faire, mais la chose manqua. Que voulez-vous! tout le monde se trompe. On lui fit un bel échafaud noir; on lui permit de se tourner du côté de la fenêtre où était sa maîtresse; on lui coupa avec des ciseaux le col de sa chemise; mais le bourreau était un maladroit, habitué à pendre et non pas à décapiter; de sorte qu'il fut obligé de s'y reprendre à trois fois pour lui trancher la tête; et encore n'en vint-il à bout qu'à l'aide d'un couteau qu'il tira de sa ceinture, et avec lequel il lui chicotta si bien le cou qu'il parvint enfin à le détacher... Allons, vous êtes un brave! continua le capitaine en voyant que le chevalier avait écouté sans sourciller les détails de cette horrible exécution. Touchez là, je suis votre homme. Contre qui conspirons-nous? Voyons, est-ce contre M. le duc du Maine? Est-ce contre M. le duc d'Orléans? Faut-il casser l'autre jambe au boiteux? Faut-il crever l'autre œil au borgne? Me voilà.

— Rien de tout cela, capitaine; et s'il plaît à Dieu, il n'y aura pas de sang répandu.

— De quoi s'agit-il donc alors?

— Avez-vous jamais entendu parler de l'enlèvement du secrétaire du duc de Mantoue?

— De Matthioli?

— Oui.

— Pardieu! Je connais l'affaire mieux que personne; je l'ai vu passer comme on le conduisait à Pignerol; c'est le chevalier de Saint-Martin et M. de Villebois qui ont fait le coup; à telles enseignes qu'ils ont eu chacun trois mille livres, pour eux et pour leurs hommes.

— C'était assez médiocrement payé, dit avec dédain d'Harmental.

— Vous trouvez, chevalier? Cependant, trois mille livres, c'est un joli denier.

— Alors, pour trois mille livres, vous vous seriez chargé de la chose?

— Je m'en serais chargé, répondit le capitaine.

— Mais si, au lieu d'enlever le secrétaire, on vous eût proposé d'enlever le duc?

— Alors, c'eût été plus cher.

— Mais vous eussiez accepté de même?

— Pourquoi pas? J'aurais demandé le double, voilà tout.

— Et si en vous donnant le double, un homme comme moi vous eût dit : Capitaine, ce n'est point un danger obscur où je vous jette en enfant perdu, c'est une lutte dans laquelle je m'engage comme vous, où je mets comme vous mon nom, mon avenir, ma tête, qu'auriez-vous répondu à cet homme?

— Je lui eusse tendu la main comme je vous la tends. Maintenant de qui s'agit-il?

Le chevalier remplit son verre et celui du capitaine.

— A la santé du régent, dit-il, et puisse-t-il arriver sans accident jusqu'à la frontière d'Espagne, comme Matthioli est arrivé jusqu'à Pignerol!

— Ah! ah! dit le capitaine Roquefinette en levant son verre à la hauteur de l'œil. Puis, après une pause : — Et pourquoi pas? continua-t-il. Le régent n'est qu'un homme, après tout. Seulement, nous ne serons ni décapités ni pendus : nous serons roués. A un autre je dirais que c'est plus cher, mais pour vous, chevalier, je n'ai pas deux prix. Vous me donnerez six mille livres, et je vous trouverai douze hommes bien résolus.

— Mais ces douze hommes, demanda vivement d'Harmental, croyez-vous pouvoir vous y fier?

— Est-ce qu'ils sauront seulement de quoi il est question? répondit le capitaine. Ils croiront qu'ils s'agit d'un pari, et voilà tout.

— Et moi, capitaine, dit d'Harmental en ouvrant un secrétaire et en y prenant un sac de mille pistoles, je vais vous prouver que je ne marchande pas avec mes amis. Voici deux mille livres en or; prenez-les comme à-compte si nous réussissons; si nous échouons, chacun tirera de son côté.

— Chevalier, répondit le capitaine en prenant le sac et en le pesant dans sa main avec un air d'indicible satisfaction, vous comprenez que je ne vous ferai pas l'injure de compter après vous. Et à quand la chose ?

— Je n'en sais rien encore, mon cher capitaine, mais si vous avez trouvé le pâté supportable et le vin bon, et si vous voulez tous les jours me faire le plaisir de déjeûner avec moi, comme vous avez fait aujourd'hui, je vous tiendrai au courant.

— Il ne s'agit plus de cela, chevalier, dit le capitaine, et pour le moment, c'est fini de rire! Je ne serais pas plutôt venu trois jours de suite chez vous que la police de ce damné d'Argenson serait à nos trousses. Heureusement qu'il a affaire à aussi fin que lui, et qu'il y a long-temps que nous jouons aux barres ensemble. Non, non, chevalier, d'ici au moment d'agir, il faut nous voir le moins possible, ou plutôt ne pas nous voir du tout. Votre rue n'est pas longue, et comme elle donne d'un côté dans la rue du Gros-Chenet, et de l'autre dans la rue Montmartre, je n'ai pas même besoin d'y passer. Tenez, continua-t-il en détachant son nœud d'épaule, prenez ce ruban. Le jour où il faudra que je monte, vous l'attacherez à un clou en dehors de la fenêtre. Je saurai ce que cela veut dire et je monterai.

— Comment, capitaine, dit d'Harmental en voyant son convive se lever et rajuster son épée, vous vous en allez sans achever la bouteille ! Que vous a donc fait ce bon vin, que vous appréciiez tant tout à l'heure, et que vous avez l'air de mépriser maintenant ?

— C'est justement parce que je l'apprécie toujours que je m'en sépare, et la preuve que je ne le méprise pas, ajouta-t-il en remplissant de nouveau son verre, c'est que je vais lui dire un dernier adieu. A votre santé, chevalier! Vous pouvez vous vanter d'avoir là de fier vin! Hum! Et maintenant, n-i-ni, c'est fini! Me voilà à l'eau pour jusqu'au lendemain du jour où j'aurai vu le ruban rouge flotter à la fenêtre. Tâchez que ce soit le plus tôt possible, attendu que l'eau est un liquide qui est diablement contraire à ma constitution.

— Mais pourquoi vous en allez-vous si vite?

— Parce que je connais le capitaine Roquefinette. C'est un bon enfant; mais quand il se trouve en face d'une bouteille, il faut qu'il boive, et quand il a bu, il faut qu'il parle. Or, si bien que l'on parle, souvenez-vous de ceci : Quand on parle trop, on finit toujours par dire quelque bêtise. Adieu, chevalier, n'oubliez pas le ruban ponceau; moi, je vais à nos affaires.

— Adieú, capitaine, dit d'Harmental ; je vois avec plaisir que je n'ai pas besoin de vous recommander la discrétion.

Le capitaine fit avec le pouce de sa main droite un signe de croix sur sa bouche, enfonça son chapeau carrément sur sa tête, souleva l'illustre Colichemarde, de peur qu'elle fît quelque bruit en battant les murailles, et descendit l'escalier aussi silencieusement que s'il eût craint que chacun de ses pas eût un écho à l'hôtel d'Argenson.

XII.

BASOULE.

Le chevalier resta seul, mais cette fois il y avait dans ce qui venait de se passer entre lui et le capitaine une assez vaste matière à réflexion pour qu'il n'eût besoin de recourir dans son ennui ni aux poésies de l'abbé de Chaulieu ni à son clavecin, ni à ses pastels. En effet jusque-là le chevalier n'était en quelque sorte engagé qu'à demi dans l'entreprise hasardeuse dont la duchesse du Maine et le prince de Cellamare lui avaient fait entrevoir l'issue heureuse, et dont le capitaine, pour éprouver son courage, venait de lui découvrir si brutalement la sanglante péripétie. Jusque-là il n'avait été que l'extrémité d'une chaîne. En rompant d'un côté, il était dégagé. Maintenant il était devenu un anneau intermédiaire, rivé des deux côtés et se rattachant à la fois à ce que la société avait de plus haut et à ce qu'elle avait de plus bas. Enfin, de cette heure, il ne s'appartenait plus, et il était comme ce voyageur perdu dans les Alpes, qui s'arrête au milieu d'un chemin inconnu et qui mesure de l'œil pour la première fois la montagne qui s'élève au dessus de sa tête et le gouffre qui s'ouvre à ses pieds.

Heureusement le chevalier avait ce courage calme, froid et résolu de l'homme chez lequel le sang et la bile, ces deux forces contraires, au lieu de se neutraliser, s'excitent en se combattant. Il s'engageait dans un danger avec toute la rapidité de l'homme sanguin, et une fois engagé dans ce danger, il le mesurait avec la résolution de l'homme bilieux. Il en résultait que le chevalier devait être aussi dangereux dans un duel que dans une conspiration ; car, dans un duel, son calme lui permettait de profiter de la moindre faute de son adversaire, et dans une conspiration, son sang-froid lui permettait de renouer, à mesure qu'ils se seraient brisés, ces fils imperceptibles auxquels tient souvent la réussite des plus hautes entreprises. Madame du Maine avait donc raison de dire à madame de Launay qu'elle pouvait éteindre sa lanterne et qu'elle croyait enfin avoir trouvé un homme.

Mais cet homme était jeune, cet homme avait vingt-six ans, c'est-à-dire, un cœur ouvert encore à toutes les illusions et à toutes les poésies de cette première partie de l'existence. Enfant, il avait déposé ses couronnes aux pieds de sa mère; jeune homme, il était venu montrer son bel uniforme de colonel à sa maîtresse. Enfin, dans toutes les entreprises de sa vie, une image aimée avait marché devant lui, et il s'était jeté au milieu du danger avec la certitude que, s'il y succombait, quelqu'un lui survivrait qui plaindrait son sort, et chez qui son souvenir du moins resterait vivant. Mais sa mère était morte. La dernière femme dont il s'était cru aimé l'avait trahi ; il se sentait seul dans le monde, lié seulement d'intérêt avec des gens pour lesquels il deviendrait un obstacle, dès qu'il ne leur serait plus un instrument, et qui, s'il échouait, loin de pleurer sa mort, ne verraient en elle qu'une cause de tranquillité. Or, cette situation isolée, qui devrait être enviée de tout homme dans un danger suprême, est presque toujours, en pareil cas, si grand est l'égoïsme de notre nature, une cause de découragement profond. Telle est l'horreur du néant chez l'homme, qu'il croit se survivre encore par les sentiments qu'il inspire, et qu'il se console en quelque sorte de quitter la terre, en songeant aux regrets qui accompagneront sa mémoire, et à la piété qui visitera sa tombe. Aussi, en ce moment, le chevalier eût tout donné pour être aimé par quelque chose, ne fût-ce que par un chien peut-être.

Il était plongé au plus triste de ces réflexions lorsqu'en passant et en repassant devant sa fenêtre, il s'aperçut que celle de sa voisine était ouverte. Il s'arrêta tout à coup, secoua le front comme pour en faire tomber les plus sombres de ses pensées; puis, appuyant son coude contre le mur et posant sa tête dans sa main, il essaya par la vue des objets extérieurs de donner une autre direction à son esprit. Mais l'homme n'est pas plus maître de sa veille que de son sommeil, et les rêves qu'il fait, les yeux ouverts ou fermés, suivent un développement indépendant de sa volonté, et se rattachent, il ne sait comment ni pourquoi, à des fils invisibles qui, en vibrant d'une manière inattendue, révèlent leur existence. Alors les objets les plus opposés se rapprochent, les pensées les plus incohérentes s'attirent; on a des lueurs fugitives qui, si elles ne s'éteignaient pas avec la rapidité d'un éclair, nous découvriraient peut-être l'avenir. On sent qu'il se passe quelque chose d'étrange en soi; on comprend dès lors que l'on n'est qu'une sorte de machine mue par une main invisible, et, selon que l'on est fataliste ou providentiel, on se courbe sous le caprice inintelligent du hasard ou l'on s'incline devant la mystérieuse volonté de Dieu.

Il en fut ainsi de d'Harmental : il avait cherché dans la vue d'objets étrangers à ses souvenirs et à ses espérances une distraction à sa situation présente, et il n'y trouva que la continuation de ses pensées.

La jeune fille qu'il avait aperçue le matin était assise près de sa fenêtre, afin de profiter des derniers rayons du jour; elle travaillait à quelque chose comme à une broderie. Derrière elle son clavecin était ouvert, et sur un tabouret posé à ses pieds, sa levrette, endormie de ce sommeil léger propre aux animaux que la nature a destinés à la garde de l'homme, se réveillait à chaque bruit qui montait de la rue, dressait les oreilles, alongeait la tête gracieusement au delà du rebord de la fenêtre, puis se recouchait en tendant une de ses petites pattes sur les genoux de sa maîtresse. Tout cela était délicieusement éclairé par une lueur du soleil couchant qui allait au fond de la chambre faire ressortir en points lumineux les ornements de cuivre du clavecin et le filet d'or de l'angle d'un cadre. Le reste était dans la demi-teinte.

Alors il sembla au chevalier, sans doute à cause de la disposition d'esprit singulière où il était lorsque ce tableau avait frappé sa vue, il lui sembla que cette jeune fille, au visage calme et suave, entrait dans sa vie comme un de ces personnages restés jusqu'alors derrière le rideau, et qui entrent dans une pièce au deuxième acte ou au troisième, pour prendre part à l'action et quelquefois pour en changer le dénouement. Depuis cet âge où l'on voit encore des anges dans ses rêves, il n'avait rien rencontré de pareil. La jeune fille ne ressemblait à aucune des femmes qu'il avait vues jusqu'alors. C'était un mélange de beauté, de candeur et de simplicité, comme on en trouve quelquefois dans ces charmantes têtes que Greuze a copiées, non pas dans la nature, mais a vues se réfléchir dans le miroir de son imagination. Alors, oubliant tout, l'humble condition où elle était née sans doute, la rue où elle se trouvait, la chambre modeste qui lui servait de demeure ; ne voyant dans la femme que la femme même, et lui faisant un cœur selon son visage, il pensa quel serait le bonheur de l'homme qui ferait battre le premier ce cœur, qui serait regardé avec amour par ces beaux yeux, et qui cueillerait sur ces lèvres, si fraîches et si pures, le mot : Je t'aime ! cette fleur de l'âme, dans un premier baiser.

Telles sont les nuances étranges que les mêmes objets empruntent de la différence de situation de celui qui les regarde. Huit jours auparavant, au milieu de son luxe, dans sa vie qu'aucun danger ne menaçait, entre un déjeûner à la taverne et une chasse à courre, entre un défi de courte paume chez Farolet et une orgie chez la Fillon, si d'Harmental eût rencontré cette jeune fille, il n'eût vu sans doute en elle qu'une charmante grisette qu'il eût fait suivre par son valet de chambre, et à qui le lendemain il eût fait outrageusement offrir un cadeau de vingt-cinq louis peut-être; mais le d'Harmental d'il y a huit jours n'existait plus.

A la place du beau seigneur, élégant, fou, dissipé, sûr de la vie, était un jeune homme isolé, marchant dans l'ombre, seul, avec sa propre force, sans une étoile pour le guider, qui pouvait tout à coup sentir la terre s'ouvrir sous ses pieds ou le ciel s'abattre sur sa tête. Celui-là avait besoin d'un appui, si faible qu'il fût, celui-là avait besoin d'amour, celui-là avait besoin de poésie. Il n'était donc point étonnant que, cherchant une madone à qui faire sa prière, il enlevât, dans son imagination, cette belle jeune fille à la sphère matérielle et prosaïque dans laquelle elle se trouvait, et que, l'attirant de sa sphère à lui, il la posât, non point telle qu'elle était, sans doute, mais telle qu'il eût désiré qu'elle fût, sur le piédestal vide de ses adorations passées.

Tout à coup la jeune fille leva la tête, jeta les yeux par hasard en face d'elle, et aperçut à travers les vitres la figure pensive du chevalier. Il lui parut évident que ce jeune homme restait là pour elle et que c'était elle qu'il regardait. Aussi une vive rougeur passa-t-elle aussitôt sur son visage. Cependant elle fit comme si elle n'avait rien vu, et elle baissa de nouveau la tête vers sa broderie. Mais au bout d'un instant elle se leva, fit quelques tours dans sa chambre, puis, sans affectation, sans fausse pruderie, quoique avec un reste d'embarras cependant, elle revint fermer sa fenêtre.

D'Harmental resta où il était et comme il était, continuant, malgré la fermeture de la fenêtre, de s'avancer dans le pays imaginaire où sa pensée voyageait. Une ou deux fois il lui sembla voir se soulever le rideau de sa voisine, comme si elle eût voulu savoir si l'indiscret qui l'avait chassée de sa place était toujours à la sienne. Enfin, quelques accords savants et rapides se firent entendre; une harmonie douce leur succéda, et ce fut alors d'Harmental qui ouvrit sa fenêtre à son tour.

Il ne s'était point trompé ; sa voisine était d'une force tout-à-fait supérieure : elle exécuta deux ou trois morceaux, mais sans cependant mêler sa voix au son de l'instrument, et d'Harmental trouvait presque autant de plaisir à l'entendre qu'il en avait trouvé à la voir. Tout-à-coup elle s'arrêta au milieu d'une mesure. D'Harmental supposa, ou qu'elle l'avait vu à sa fenêtre, ou qu'elle voulait le punir de sa curiosité, ou qu'il était entré quelqu'un, et que ce quelqu'un l'avait interrompue : il se retira en arrière, mais de façon à ne point perdre de vue la fenêtre. Au bout d'un instant, il reconnut que sa dernière supposition était vraie. Un homme vint à la croisée, souleva le rideau, colla sa bonne grosse face à une vitre, tandis qu'avec la main il battit une marche sur une autre vitre. Le chevalier reconnut, quoiqu'une différence sensible se fût faite dans sa toilette, l'homme au jet d'eau qu'il avait vu sur la terrasse le matin, et qui, avec un air de si parfaite familiarité, avait prononcé deux fois le nom de Bathilde.

Cette apparition plus que prosaïque produisit l'effet qu'elle devait naturellement produire, c'est-à-dire qu'elle ramena d'Harmental de la vie imaginaire à la vie réelle. Il avait oublié cet homme, qui faisait un contraste si parfait et si étrange avec la jeune fille dont il était nécessairement ou le père, ou l'amant, ou le mari. Or, dans tous ces cas, que pouvait avoir de commun avec le noble et aristocrate chevalier, la fille, l'épouse ou la maîtresse d'un tel homme? La femme, et c'est un malheur de sa situation éternellement dépendante, grandit ou s'abaisse de la grandeur ou de la vulgarité de celui au bras de qui elle marche appuyée, et il faut l'avouer, l'horticulteur de la terrasse n'était pas fait pour maintenir la pauvre Bathilde à la hauteur où le chevalier l'avait élevée dans ses rêves.

Aussi se prit-il à rire de sa propre folie, et

la nuit étant revenue, comme depuis la veille au matin, il n'avait pas mis le pied dehors, il résolut de faire un tour par la ville afin de s'assurer par lui-même de l'exactitude des rapports du prince de Cellamare. Il s'enveloppa de son manteau, descendit les quatre étages, et s'achemina vers le Luxembourg, où la note que lui avait remise le matin l'abbé Brigaud disait que le régent devait aller souper sans gardes.

Arrivé en face du palais du Luxembourg, le chevalier ne vit aucun des signes qui annonçaient que le duc d'Orléans était chez sa fille : il n'y avait à la porte qu'une sentinelle, tandis que du moment où entrait M. le régent, on avait l'habitude d'en placer une seconde. De plus, on ne voyait dans la cour ni voiture qui attendît, ni coureurs, ni valets de pied ; il était donc évident que M. le duc d'Orléans n'était point encore venu. Le chevalier attendit pour le voir passer, car, comme le régent ne déjeûnait jamais et ne prenait à deux heures de l'après-midi qu'une tasse de chocolat, il était rare qu'il soupât plus tard que six heures. Or, cinq heures trois quarts avaient sonné à Saint-Sulpice au moment où le chevalier tournait le coin de la rue de Condé et de la rue de Vaugirard.

Le chevalier attendit une heure et demie rue de Tournon, allant de la rue du Petit-Lion au palais, sans rien apercevoir de ce qu'il était venu chercher. A huit heures moins un quart il vit quelque mouvement au Luxembourg. Une voiture avec des piqueurs à cheval, armés de torches, vint attendre au pied du perron. Un instant après, trois femmes y montèrent : il entendit le cocher qui criait aux piqueurs : au Palais-Royal! Les piqueurs partirent au galop, la voiture les suivit, le factionnaire présenta les armes, et si vite que passât devant lui l'élégant équipage aux armes de France, le chevalier reconnut la duchesse de Berri, madame de Mouchy, sa dame d'honneur, et madame de Pons, sa dame d'atours. Il y avait erreur grave dans l'itinéraire envoyé au chevalier : c'était la fille qui allait chez le père et non le père qui allait chez la fille.

Cependant le chevalier attendit encore, car il pouvait être arrivé au régent un accident qui l'eût retenu chez lui. Une heure après, la voiture repassa. La duchesse de Berri riait d'une histoire que lui racontait Broglie, qu'elle ramenait. Il n'y avait donc aucun accident grave. C'était la police du prince Cellamarre qui était en faute.

Le chevalier rentra chez lui vers dix heures, sans avoir été ni rencontré ni reconnu. Il eut quelque peine à se faire ouvrir, car, selon les habitudes patriarcales de la maison Denis, le concierge était couché. Il vint tirer les verrous en grommelant. D'Harmental lui glissa un petit écu dans la main, en lui disant une fois pour toutes qu'il lui arriverait quelquefois de rentrer tard; mais que, chaque fois que la chose arriverait, il y aurait la même gratification pour lui. Sur quoi le concierge se confondit en remercîments et lui assura qu'il était parfaitement libre de rentrer à l'heure qu'il lui plairait, et même de ne pas rentrer du tout.

De retour dans sa chambre, d'Harmental s'aperçut que celle de sa voisine était éclairée; il posa sa bougie derrière un meuble et s'approcha de sa fenêtre. De cette façon, autant que les rideaux de mousseline le permettaient, il pouvait voir chez elle, tandis qu'on ne pouvait voir chez lui.

Elle était assise près d'une table, dessinant probablement contre un carton qu'elle tenait sur ses genoux, car on voyait son profil qui se détachait en noir sur la lumière placée derrière elle. Au bout d'un instant, une autre ombre que le chevalier reconnut pour celle du bonhomme à la terrasse, passa deux ou trois fois entre la lumière et la fenêtre. Enfin l'ombre s'approcha de la jeune fille, celle-ci tendit le front, l'ombre y déposa un baiser et s'éloigna un bougeoir à la main. Un instant après, les vitres de la chambre du cinquième étage s'éclairèrent. Toutes ces petites circonstances parlaient une langue qu'il était impossible de ne pas comprendre; l'homme à la terrasse n'était point le mari de Bathilde : c'était tout au plus son père.

D'Harmental, sans savoir pourquoi, se sentit tout joyeux de cette découverte : il ouvrit, aussi doucement qu'il put, la fenêtre, et accoudé sur la barre qui lui servait d'appui, les yeux fixés sur cette ombre, il retomba dans cette même rêverie dont l'avait tiré, dans la journée, l'apparition grotesque de son voisin. Au bout d'une heure à peu près, la jeune fille se leva, déposa cartons et crayons sur la table, s'avança du côté de l'alcôve, s'agenouilla sur une chaise devant la seconde fenêtre, et fit sa prière. D'Harmental comprit que sa veille laborieuse était finie, mais se rappelant la curiosité de la belle voisine quand pour la première fois il avait de son côté fait de la musique, il voulut voir s'il aurait le pouvoir de prolonger cette veille et se mit à son épinette. Ce qu'il avait prévu arriva : aux premiers sons qui parvinrent jusqu'à elle, la jeune fille, ignorant que par la position de la lumière, on voyait son ombre à travers les rideaux, s'approcha de la fenêtre sur la pointe du pied, et se croyant bien cachée, elle écouta sans contrainte le mélodieux instrument, qui, pareil à un oiseau du soir, s'éveillait pour chanter au milieu de la nuit.

Le concert eût peut-être duré bien des heures ainsi, car d'Harmental, encouragé par le résultat produit, se sentait une verve et une facilité d'exécution qu'il ne s'était jamais connues. Malheureusement, le locataire du troisième était sans doute quelque manant, peu amateur de la musique, car d'Harmental entendit tout-à-coup, juste au dessous de ses pieds, le bruit d'une canne qui frappait le plafond avec une telle violence que c'était, à n'en pouvoir douter, un avertissement direct qu'on lui donnait de remettre à un moment plus convenable sa mélodieuse occupation. Dans toute autre circonstance, d'Harmental eût envoyé au diable l'impertinent donneur d'avis; mais il réfléchit qu'une esclandre qui sentirait son gentilhomme le perdrait de réputation auprès de madame Denis, et qu'il jouait trop gros jeu à être reconnu, pour ne point passer philosophiquement par dessus quelques uns des inconvénients de la nouvelle position qu'il avait adoptée. En conséquence, au lieu de se mettre en opposition plus longue avec les réglements nocturnes établis sans doute entre son hôtesse et ses locataires, il obéit à l'invitation, oubliant de quelle façon cette invitation lui avait été faite.

De son côté, dès qu'elle n'entendit plus rien, la jeune fille quitta sa fenêtre, et comme elle laissa tomber derrière elle les seconds rideaux d'étoffe perse, elle disparut aux yeux de d'Harmental. Quelque temps encore cependant il put voir la chambre éclairée; mais bientôt toute lueur s'éteignit. Quant à la chambre du cinquième étage, depuis plus de deux heures elle était dans la plus parfaite obscurité.

D'Harmental se coucha à son tour, tout joyeux de penser qu'il existait un point de contact si direct entre lui et sa belle voisine.

Le lendemain, l'abbé Brigaud entra dans sa chambre avec son exactitude ordinaire. Le chevalier était déjà levé depuis une heure et s'était vingt fois approché de sa fenêtre sans avoir pu apercevoir sa voisine, quoiqu'il fût évident qu'elle s'était levée, même avant lui. En effet, par les carreaux supérieurs, il avait vu en se réveillant les grands rideaux remis à leurs patères. Aussi, tout disposé qu'il était à faire tomber son commencement de mauvaise humeur sur quelqu'un :

— Ah! pardieu! mon cher abbé, lui dit-il aussitôt que la porte fut refermée, félicitez de ma part le prince sur sa police : elle est parfaitement faite, ma foi!

— Qu'est-ce que vous avez donc contre elle? demanda l'abbé Brigaud avec le demi sourire qui lui était habituel.

— Ce que j'ai? J'ai que, voulant juger par moi-même, hier, de sa fidélité, je suis allé m'embusquer rue de Tournon, que j'y suis resté quatre heures, et que ce n'est pas le régent qui est venu chez sa fille, mais madame la duchesse de Berri qui a été chez son père.

— Eh bien! nous savons cela.

— Ah! vous savez cela? dit d'Harmental.

— Oui, à cette enseigne qu'elle est sortie

à huit heures moins cinq minutes du Luxemboug avec madame de Mouchy et madame de Pons, et qu'elle y est rentrée à neuf heures et demie en ramenant Broglie, qui est venu prendre à table la place du régent, qu'on avait attendu inutilement.

— Et le régent, où est-il, lui?

— Le régent?

— Oui.

— Ceci est une autre histoire; vous allez le savoir; écoutez et ne perdez pas un mot, puis nous verrons si vous dites encore que la police du prince est mal faite.

— J'écoute.

— Notre rapport annonçait que le duc régent devait, hier, à trois heures, aller faire une partie de courte-paume rue de Seine.

— Oui.

— Il y est allé. Au bout d'une demi-heure il en est sorti, tenant son mouchoir sur ses yeux; il s'était donné lui-même un coup de raquette sur le sourcil, avec tant de violence qu'il s'était ouvert la peau du front.

— Ah! voilà donc l'accident?

— Attendez. Alors le régent, au lieu de rentrer au Palais-Royal, s'est fait conduire chez madame de Sabran. Vous savez où demeure madame de Sabran?

— Elle demeurait rue de Tournon; mais depuis que son mari est maître d'hôtel du régent, ne demeure-t-elle pas rue des Bons-Enfants, tout près du Palais-Royal?

— Justement. Or, il paraît que madame de Sabran, qui jusque-là avait fait de la fidélité à Richelieu, touchée enfin de l'état pitoyable où elle a vu le pauvre prince, a voulu justifier le proverbe: Malheureux au jeu, heureux en amour. Le prince, à sept heures et demie, par un petit mot daté de la salle à manger de madame Sabran, qui lui donnait à souper, a annoncé à Broglie qu'il n'irait pas au Luxembourg, et l'a chargé d'y aller à sa place et de faire ses excuses à la duchesse de Berri.

— Ah! voilà donc l'histoire que racontait Broglie et qui faisait tant rire ces dames?

— C'est probable. Maintenant, comprenez-vous?

— Oui, je comprends que le régent, n'étant pas doué de la puissance d'ubiquité, ne pouvait pas être à la fois chez madame de Sabran et chez sa fille.

— Et vous ne comprenez que cela?

— Mon cher abbé, vous parlez comme un oracle; expliquez-vous, voyons.

— Ce soir je viendrai vous prendre à huit heures, et nous irons faire un tour rue des Bons-Enfants. Les localités parleront pour moi.

— Ah! ah! d'Harmental, j'y suis... Si près du Palais-Royal, le régent ira à pied; l'hôtel qu'habite madame de Sabran, a son entrée rue des Bons-Enfants; après une certaine heure on ferme le passage du Palais-Royal qui donne dans la rue des Bons-Enfants; il est donc obligé pour rentrer de tourner par la cour des Fontaines ou par la rue Neuve-des-Bons-Enfants, et alors nous le tenons! Mordieu! l'abbé, vous êtes un grand homme, et si monsieur le duc du Maine ne vous fait pas cardinal ou du moins archevêque, il n'y a plus de justice.

— Je compte bien là-dessus. Maintenant, vous comprenez! Il faut vous tenir prêt.

— Je le suis.

— Avez-vous des moyens d'exécution organisés?

— J'en ai.

— Alors, vous correspondez avec vos gens?

— Par un signe.

— Et ce signe ne peut vous trahir?

— Impossible.

— En ce cas tout va bien, Il ne s'agit plus que de déjeûner, car j'avais si grande hâte de venir vous dire ces belles nouvelles que je suis sorti de chez moi à jeun.

— Déjeûner, mon cher abbé? vous en parlez bien à votre aise! Je n'ai à vous offrir que les débris du pâté d'hier et trois ou quatre bouteilles de vin qui ont survécu, je crois, à la bataille.

— Hum, hum! murmura intérieurement l'abbé. Faisons mieux que cela, mon cher chevalier.

— A vos ordres.

— Descendons déjeûner chez notre bonne hôtesse, madame Denis.

— Que diable voulez-vous que j'aille déjeûner chez elle? est-ce que je la connais, moi?

— Ceci me regarde. Je vous présente comme mon pupille.

— Mais nous ferons un déjeûner détestable.

— Rassurez-vous: Je connais la cuisine.

— Mais ce sera assommant, ce déjeûner!

— Mais vous vous ferez une amie d'une femme parfaitement connue dans le quartier pour ses mœurs excellentes, pour son dévoûment au gouvernement; d'une femme incapable enfin de donner asile à un conspirateur. Entendez-vous cela?

— Si c'est pour le bien de la cause, abbé, je me sacrifie.

— Sans compter que c'est une maison fort agréable dans laquelle il y a deux jeunes personnes qui jouent, l'une de la viole d'amour et l'autre de l'épinette; et un garçon qui est clerc de procureur; une maison enfin où le dimanche soir vous pourrez descendre pour faire la partie de loto.

— Allez-vous-en au diable avec votre madame Denis! Ah pardon, l'abbé, vous êtes peut-être l'ami de la maison. En ce cas, prenons que je n'ai rien dit.

— Je suis son directeur, répondit l'abbé Brigaud d'un air modeste.

— Alors mille excuses, mon cher abbé. Mais vous avez raison, au fait : madame Denis est encore une fort belle femme, parfaitement conservée, avec des mains superbes et des pieds très mignons. Peste! je me la rappelle. Descendez le premier, je vous suis.

— Pourquoi pas ensemble?

— Et ma toilette donc, l'abbé? vous voulez que je descende devant mesdemoiselles Denis tout défrisé comme me voilà? Allons donc! on se doit à sa figure, que diable! D'ailleurs, il est plus convenable que vous m'annonciez: je n'ai pas les privilèges d'un directeur, moi.

— Vous avez raison; je descends, je vous annonce, et dans dix minutes vous arrivez en personne, n'est-ce pas?

— Dans dix minutes.

— Adieu.

— Au revoir.

Le chevalier n'avait dit que la moitié de la vérité: il restait pour faire sa toilette peut-être, mais aussi dans l'espérance qu'il apercevrait quelque peu sa belle voisine, à laquelle il avait rêvé toute la nuit. Ce désir fut sans résultat: il eut beau rester embusqué derrière les rideaux de sa fenêtre, celle de la jeune fille aux blonds cheveux et aux beaux yeux noirs resta hermétiquement voilée. Il est vrai qu'en é-change il put apercevoir son voisin qui, entr'ouvrant sa porte dans la toilette matinale que lui connaissait déjà le chevalier, passa, avec la même précaution que la veille, sa main d'abord, puis sa tête. Mais cette fois, sa hardiesse n'alla pas plus loin, car il faisait quelque peu de brouillard, et le brouillard, comme on sait, est essentiellement contraire à l'organisation du bourgeois de Paris. Aussi le nôtre toussa-t-il deux fois dans les cordes les plus basses de sa voix, et retirant tête et bras, rentra dans sa chambre comme une tortue dans sa carapace. D'Harmental vit dès lors avec plaisir qu'il pourrait se dispenser d'acheter un baromètre et que son voisin lui rendrait le même service que ces bons capucins de bois qui sortent de leur ermitage les jours de beau temps et qui restent au contraire obstinément chez eux les jours où il tombe de la pluie.

L'apparition fit son effet ordinaire et réagit sur la pauvre Bathilde. Chaque fois que d'Harmental apercevait la jeune fille, il y avait en elle une si suave attraction qu'il ne voyait plus que la femme jeune, gracieuse, belle, musicienne et peintre, c'est-à-dire la créature la plus délicieuse et la plus complète qu'il eût jamais rencontrée. En ces moments-là, pareille à ces fantômes qui passent dans la nuit de nos rêves portant comme une lampe d'albâtre leur lumière en eux-mêmes, elle s'éclairait d'un rayon céleste, repoussant tout ce qui l'entourait dans l'obscurité ; mais quand, à son tour, l'homme de la terrasse s'offrait aux regards du chevalier, avec sa figure commune, sa tournure triviale, ce type indélébile de vulgarité qui s'attache à certains individus, aussitôt un jeu de bascule étrange s'opérait dans l'esprit du chevalier ; toute poésie disparaissait comme, à un coup de sifflet du machiniste, disparaît un palais de fée; les choses s'illuminaient d'un autre jour, l'aristocratie native de d'Harmental reprenait le dessus: Bathilde n'était plus que la fille de cet homme, c'est-à-dire une grisette, voilà tout ; sa beauté, sa grâce, son élégance, ses talents mêmes devenaient un accident du hasard, une erreur de la nature, quelque chose comme une rose qui eût fleuri sur un chou. Alors le chevalier haussait dans sa glace les épaules en face de lui-même, se mettait à rire tout haut, et ne comprenant plus d'où lui venait l'impression si vive qu'un instant auparavant il avait éprouvée, il l'attribuait à la préoccupation de son esprit, à l'étrangeté de sa situation, à la solitude, à tout enfin, excepté à sa véritable cause, à la puissance souveraine et irrésistible de la distinction et de la beauté.

D'Harmental descendit donc chez son hôtesse dans la disposition d'esprit la plus favorable pour trouver mesdemoiselles Denis charmantes.

XIII.

LA FAMILLE DENIS.

Le chevalier et l'abbé quittèrent la mansarde et descendirent chez leur hôtesse. Madame Denis n'avait point jugé convenable que deux jeunes personnes, aussi innocentes que l'étaient ses deux filles, déjeûnassent avec un jeune homme qui, depuis trois jours seulement qu'il était arrivé à Paris, rentrait déjà à onze heures du soir et jouait du clavecin jusqu'à deux heures du matin. L'abbé Brigaud avait beau lui affirmer que cette double infraction aux règlements intérieurs de la police de sa maison, ne devait en rien déprécier auprès d'elle les mœurs de son pupille dont il répondait comme de lui-même; tout ce qu'il avait obtenu, c'est que les demoiselles Denis paraîtraient au dessert.

Mais le chevalier s'aperçut bientôt que si leur mère avait défendu de se faire voir, elle ne leur avait pas défendu de se faire entendre. A peine les trois convives furent-ils attablés autour d'un véritable déjeûner de dévote, composé d'une multitude de petits plats appétissants à l'œil et délicieux au goût, que les sons saccadés d'une épinette se firent entendre, accompagnant une voix qui ne manquait pas d'étendue, mais dont de fréquentes erreurs de tons dénotaient la déplorable inexpérience.

Aux premières notes, madame Denis posa la main sur le bras de l'abbé, puis, après un instant de silence pendant lequel elle écouta avec un complaisant sourire cette musique qui faisait venir la chair de poule au chevalier.

— Entendez-vous ? lui dit-elle : c'est notre Athénaïs qui joue du clavecin, et c'est Émilie qui chante.

L'abbé Brigaud, tout en faisant signe de la tête qu'il entendait parfaitement, et l'accompagnement et la voix, marcha sur le pied de d'Harmental pour lui indiquer que l'occasion se présentait de placer un compliment.

— Madame, dit aussitôt le chevalier qui comprit l'appel que l'abbé faisait à sa politesse, nous vous devons un double remerciment, car vous nous offrez un excellent déjeûner, non seulement, mais encore un concert délicieux.

— Oui, répondit négligemment madame Denis ; ce sont ces enfants qui s'amusent ;

elles ne savent pas que vous êtes là, et elles étudient; mais je vais leur défendre de continuer.

Madame Denis fit un mouvement pour se lever.

— Comment donc, Madame! s'écria d'Harmental; parce que j'arrive de province, me croyez-vous donc tout à fait indigne de faire connaissance avec les talents de la capitale!

— Dieu me garde, Monsieur, d'avoir une pareille opinion de vous! répondit madame Denis d'un air plein de malice; car je sais que vous êtes musicien. Le locataire du troisième m'en a prévenue.

— En ce cas, Madame, il n'a pas dû vous donner une haute idée de mon mérite, reprit en riant le chevalier, car il n'a pas paru apprécier infiniment le peu que j'en puis avoir.

— Il m'a dit seulement que l'heure lui avait paru étrange pour faire de la musique. Mais écoutez, monsieur Raoul, ajouta madame

Denis en tendant l'oreille vers la porte : les rôles sont changés; maintenant, mon cher abbé, c'est notre Athénaïs qui chante, et c'est Émilie qui accompagne sa sœur sur la viole d'amour.

Il paraît que madame Denis avait un faible pour Athénaïs, car, au lieu de parler comme elle l'avait fait pendant que c'était le tour d'Émilie de chanter, elle écouta d'un bout à l'autre la romance de sa favorite, les yeux tendrement fixés sur l'abbé Brigaud, qui, sans perdre un coup de fourchette ni un verre de vin, se contentait de faire de la tête des signes d'approbation. Du reste, Athénaïs chantait un peu plus juste que sa sœur, mais elle rachetait cette qualité par un défaut au moins équivalent aux oreilles du chevalier : elle avait la voix d'une vulgarité effrayante.

Quant à madame Denis, elle dandolinait la tête à fausse mesure avec un air de béatitude qui faisait infiniment plus d'honneur à sa complaisance maternelle qu'à son intelligence musicale.

Un duo succéda aux solos. Les demoiselles Denis avaient juré de débiter tout leur répertoire. D'Harmental chercha à son tour sous la table les pieds de l'abbé Brigaud pour lui en écraser au moins un ; mais il ne rencontra que ceux de madame Denis, qui, prenant la recherche que faisait à tâtons le chevalier pour une agacerie personnelle, se tourna gracieusement de son côté.

— Ainsi donc, monsieur Raoul, lui dit-elle, vous venez, jeune et sans expérience, vous exposer ainsi à tous les dangers de la capitale ?

— Oh ! mon Dieu oui, dit l'abbé Brigaud, prenant la parole de peur que d'Harmental, entraîné par l'occasion, ne pût résister au plaisir de répondre quelque baliverne. Vous voyez en ce jeune homme, madame Denis, le fils d'un ami qui m'a été bien cher. (Il porta sa serviette à ses yeux.) Et qui, je l'espère, fera honneur aux soins que j'ai donnés à son éducation ; car, sans qu'il en ait l'air, c'est un ambitieux que mon pupille !

— Et Monsieur a raison, reprit madame Denis. Quand on a les talents et la figure de Monsieur, il me semble que l'on peut parvenir à tout.

— Ah! mais, madame Denis, dit l'abbé Brigaud, si vous me le gâtez ainsi du premier coup, je ne vous l'amènerai plus, prenez-y garde! Raoul, mon enfant, continua-t-il en s'adressant au chevalier d'un ton paternel, j'espère que vous ne croyez pas un mot de cela. Puis, se penchant à l'oreille de madame Denis : Tel que vous le voyez, ajouta-t-il, il aurait pu rester à Sauvigny et y tenir la première place après le seigneur : il a trois bonnes mille livres de rentes en biens fonds !

— C'est justement ce que je compte donner à chacune de mes filles, répondit madame Denis en haussant la voix de façon à être entendue du chevalier, et en lui lançant un regard de côté pour voir quel effet produirait sur lui l'annonce d'une telle magnificence.

Malheureusement pour l'établissement futur de mademoiselle Denis, le chevalier pensait en ce moment à toute autre chose qu'à réunir les trois mille livres de rentes dont cette généreuse mère dotait ses filles, aux mille écus annuels dont l'avait gratifié l'abbé Brigaud. Le fausset de mademoiselle Émilie, le contralto de mademoiselle Athénaïs, la pauvreté de l'accompagnement de toutes deux, l'avaient ramené par ses souvenirs à la voix si pure et si flexible, et à l'exécution si distinguée et si savante de sa voisine. Il en était résulté que, grâce à cette puissance de réaction singulière qu'une grande préoccupation nous donne contre les objets extérieurs, le chevalier était parvenu à échapper au charivari qui s'exécutait dans la chambre voisine, et, se réfugiant en lui-même, y suivait une douce mélodie qui serpentait dans sa mémoire et qui, tout absente qu'elle était, parvenait à le garantir comme une armure enchantée, des sons aigus et criards qui venaient s'émousser autour de lui.

— Voyez comme il écoute ! disait madame Denis à Brigaud. A la bonne heure ! il y a plaisir à faire des frais pour un jeune homme comme celui-là. Aussi je laverai la tête à monsieur Fremond !

— Qu'est-ce que c'est que monsieur Fremond, demanda l'abbé en se versant à boire.

— C'est le locataire du troisième, un mauvais petit rentier à douze cents livres, dont le carlin m'a déjà valu des désagréments avec toute la maison, et qui est venu se plaindre que monsieur Raoul l'empêchait de dormir, lui et son chien !

— Ma chère madame Denis, dit l'abbé Brigaud, il ne faut pas vous brouiller pour cela avec monsieur Fremond. Deux heures du matin sont une heure indue, et si mon pupille veut absolument veiller, qu'il fasse de la musique dans la journée et qu'il dessine le soir.

— Comment! monsieur Raoul dessine aussi? s'écria madame Denis, tout émerveillée de ce surcroît de talent.

— S'il dessine? Comme Mignard!

— Oh! mon cher abbé, dit madame Denis en joignant les mains, si nous pouvions obtenir une chose...

— Laquelle? demanda l'abbé.

— Si nous pouvions obtenir qu'il fît le portrait de notre Athénaïs!

Le chevalier se réveilla en sursaut de sa préoccupation, comme un voyageur endormi sur l'herbe qui, pendant son sommeil, sent se glisser près de lui un serpent, et qui comprend instinctivement qu'un grand danger le menace.

— L'abbé! s'écria-t-il d'un air effaré, et en fixant sur le pauvre Brigaud des yeux furibonds; l'abbé, pas de bêtises

— Oh! mon Dieu! qu'a donc votre pupille? demanda madame Denis tout effrayée?

Heureusement, au moment où l'abbé, assez embarrassé de répondre à la question de madame Denis, cherchait un honnête faux-fuyant pour lui faire prendre le change sur l'exclamation du chevalier, la porte s'ouvrit, les deux demoiselles Denis entrèrent en rougissant, et s'écartant à droite et à gauche, firent chacune une révérence de menuet.

— Eh bien! Mesdemoiselles, dit madame Denis en affectant un air sévère, qu'est-ce que cela? Qui vous a donné la permission de quitter votre chambre?

— Maman, répondit une voix que le chevalier, à ses notes grêles, crut reconnaître pour celle de mademoiselle Emilie, nous vous demandons bien pardon si nous avons fait une faute, et nous sommes prêtes à rentrer chez nous.

— Mais, maman, dit une autre voix qu'à

ses tons graves, le chevalier jugea devoir appartenir à mademoiselle Athénaïs, nous avions cru qu'il était convenu que nous entrerions au dessert.

— Allons, venez, Mesdemoiselles, puisque vous voilà. Il serait ridicule maintenant que vous vous en allassiez. D'ailleurs, ajouta madame Denis en faisant asseoir Athénaïs entre elle et Brigaud, et Emilie entre elle et le chevalier, des jeunes personnes sont toujours bien, n'est-ce pas, l'abbé, toutes fois qu'elles sont sous l'aile de leur mère.

Et madame Denis présenta à ses filles une assiette de bonbons, dans laquelle elles prirent du bout des doigts et avec une modestie qui faisait honneur à la bonne éducation qu'elles avaient reçue, mademoiselle Émilie une praline, et mademoiselle Athénaïs un diablotin.

Le chevalier, pendant le discours et l'action de madame Denis, avait eu le temps d'examiner ses filles. Mademoiselle Émilie était une grande et sèche personne de vingt-deux à vingt-trois ans, qui, disait-on, jouissait d'une ressemblance parfaite avec feu M. Denis son père, avantage qui ne suffisait pas à ce qu'il paraît pour lui mériter dans le cœur maternel une part d'affection égale à celle que madame Denis ressentait pour ses deux autres enfants. Aussi, la pauvre Émilie, toujours craignant de faire mal et d'être grondée, était-elle restée d'une gaucherie native, que les leçons réitérées de son maître de danse n'avaient pu faire disparaître. Quant à mademoiselle Athénaïs, c'était, tout à l'opposé de sa sœur, une petite boulotte, rouge et rondelette, qui, grâce à ses seize ou dix-sept ans, avait ce que l'on appelle vulgairement la beauté du diable. Celle-là ne ressemblait ni à monsieur ni à madame Denis, singularité qui avait fort exercé les mauvaises langues de la rue Saint-Martin avant que madame Denis ne vendît son fonds de draps, et ne vint habiter la maison qu'elle et son mari avaient achetée, des bénéfices de la communauté, rue du Temps-Perdu. Malgré cette absence d'homogénéité avec ses parents, mademoiselle Athénaïs n'en était pas moins la favorite déclarée de madame sa mère, ce qui lui donnait toute l'assurance qui manquait à la pauvre Émilie. En bonne personne qu'elle était, Athénaïs profitait toujours de cette faveur, il faut le dire à sa louange, pour excuser les prétendues fautes de sa sœur aînée. Au reste, le chevalier qui, en sa qualité de dessinateur, était physionomiste, crut remarquer, du premier coup d'œil, entre le visage de mademoiselle Athénaïs et celui de l'abbé Brigaud, certaines lignes analogues qui, jointes à une singulière ressemblance dans la taille, auraient pu, à la rigueur, guider les curieux à la recherche de la paternité, si cette recherche n'était point sagement interdite par nos lois.

Les deux sœurs, quoiqu'il fût à peine onze heures du matin, étaient habillées comme pour aller à un bal, et portaient à leur cou, à leurs bras et à leurs oreilles, tout ce qu'elles possédaient de bijoux.

Cette apparition si conforme à l'idée que d'Harmental s'était faite d'avance des filles de son hôtesse, fut pour lui une nouvelle source de réflexions. Puisque les demoiselles Denis étaient si bien ce qu'elles devaient être, c'est-à-dire en si parfaite harmonie avec leur état et leur éducation, pourquoi Bathilde, qui paraissait d'une condition à peine égale à la leur, était-elle visiblement aussi distinguée qu'elles étaient vulgaires ? d'où venait, entre jeunes filles de la même classe et du même âge, cette immense différence physique et morale ? Il fallait qu'il y eût là dessous quelque secret étrange, qu'un jour ou l'autre le chevalier connaîtrait sans doute.

Un second appel, que le pied de l'abbé Brigaud adressa au pied de d'Harmental, lui fit comprendre que ses réflexions pouvaient être parfaitement justes, mais que le moment qu'il avait choisi pour s'y livrer était souverainement déplacé. En effet, madame Denis avait pris un air de dignité si significatif, que d'Harmental jugea qu'il n'y avait pas un instant à perdre s'il voulait effacer, dans l'esprit de son hôtesse, la mauvaise impression que sa distraction avait produite.

— Madame, lui dit-il aussitôt de l'air le plus gracieux qu'il put prendre, ce que j'ai l'honneur de voir de votre famille me donne un bien vif désir de la connaître tout entière. Est-ce que Monsieur votre fils n'est point quelque part dans la maison, et n'aurai-je pas le plaisir de lui être présenté?

— Monsieur, répondit madame Denis, à qui une si aimable interpellation avait rendu toute sa grâce, mon fils est chez Mᵉ Joulu, son procureur, et à moins que ses courses l'amènent dans le quartier, il est peu probable qu'il ait ce matin l'honneur de faire votre connaissance.

— Parbleu! mon cher pupille, dit l'abbé Brigaud en étendant la main du côté de la porte, vous êtes comme feu Aladin, et il suffit, à ce qu'il paraît, que vous exprimiez un désir pour que ce désir soit accompli.

En effet, au moment même on entendit retentir dans l'escalier la chanson de M. Malborough qui, à cette époque, avait tout le charme de la nouveauté, et la porte s'étant ouverte sans aucune annonce préalable, on vit paraître sur le seuil un gros garçon à face réjouie, qui avait beaucoup des airs de mademoiselle Athénaïs.

— Bon, bon, bon! dit le nouvel arrivant en croisant ses bras, et en considérant l'intérieur habituel de sa famille, augmenté de l'abbé Brigaud et du chevalier d'Harmental. Pas gênée, la mère Denis! Elle envoie Boniface chez son procureur, avec un morceau de pain et de fromage! Elle lui dit : Va, mon ami, prends garde aux indigestions; et, en son absence, elle donne nopces et festins. Heureusement que ce pauvre Boniface a bon nez. Il repasse par la rue Montmartre, il a pris le vent, et il a dit : Qu'est-ce que ça sent donc là-bas, rue du Temps-Perdu, n° 5! Alors il est venu, et le voilà! Place pour un!

Et joignant l'action au récit, Boniface traîna une chaise de la porte à la table, et s'assit entre l'abbé Brigaud et le chevalier.

— Monsieur Boniface, dit madame Denis en essayant de prendre un air sévère, ne voyez-vous pas bien qu'il y a ici des étrangers.

— Des étrangers? dit Boniface en prenant un plat sur la table et en le mettant devant lui. Et où sont-ils ces étrangers? Est-ce vous, papa Brigaud? est-ce monsieur Raoul? Eh bien! il n'est pas un étranger, lui; c'est un locataire. Et, s'emparant d'un de ces couverts qu'on met sur la table pour servir, il se mit à officier de manière à rassurer sur le temps perdu ceux qui avaient pris les devants.

— Pardieu! madame Denis, dit le chevalier, je vois avec plaisir que je suis beaucoup plus avancé que je ne le croyais, car je ne savais pas avoir l'honneur d'être connu de monsieur Boniface.

— Ça serait drôle, si je ne vous connaissais pas, dit le clerc du procureur, la bouche pleine; c'est vous qui avez ma chambre.

— Comment! madame Denis, dit d'Harmental, vous me laissez ignorer que j'ai l'honneur de succéder dans mon logement à l'héritier présomptif de votre maison? Je ne m'étonne plus si j'ai trouvé une chambre si galamment arrangée. On reconnaît là les soins d'une mère.

— Oui, grand bien vous fasse! Mais, si j'ai un conseil d'ami à vous donner, c'est de ne pas trop regarder par la fenêtre.

— Pourquoi cela? demanda d'Harmental.

— Pourquoi? Parce que vous avez certaine voisine en face de vous...

— Mademoiselle Bathilde? dit le chevalier emporté par son premier mouvement.

— Ah! vous la connaissez déjà? reprit Boniface. Bon, bon, bon, alors! Ça ira bien.

— Voulez-vous vous taire, Monsieur! s'écria madame Denis.

— Tiens! reprit Boniface, il faut bien prévenir les locataires, quand il y a dans les maisons des cas redhibitoires. Vous n'êtes pas chez le procureur, vous, ma mère; vous ne savez pas cela.

— Cet enfant est plein d'esprit, dit l'abbé Brigaud, de ce ton goguenard, grâce auquel on ne savait jamais s'il raillait ou s'il parlait sérieusement.

— Mais, reprit madame Denis, que voulez-vous qu'il y ait de commun entre monsieur Raoul et mademoiselle Bathilde?

— Ce qu'il y aura de commun? C'est que, dans huit jours, il en sera amoureux comme un fou, ou bien il ne serait pas un homme, et que ce n'est pas la peine d'aimer une coquette.

— Une coquette? dit d'Harmental.

— Oui, une coquette, une coquette, reprit Boniface; je l'ai dit, je ne m'en dédis pas. Une coquette, qui fait la bégueule avec les jeunes gens, et qui demeure avec un vieux. Sans compter sa gueuse de Mirza, qui mangeait tous mes bonbons, et qui, chaque fois qu'elle me rencontre maintenant, vient me mordre les mollets.

— Sortez, Mesdemoiselles, s'écria madame Denis, en se levant et en faisant lever ses filles. Sortez! des oreilles aussi pures que les vôtres ne doivent pas entendre de pareilles légèretés.

Et elle poussa mademoiselle Athénaïs et Émilie vers la porte de leur chambre, où elle entra avec elles.

Quant à d'Harmental, il se sentit pris d'une envie féroce de casser la tête à M. Boniface d'un coup de bouteille. Cependant, comprenant le ridicule de sa situation, il fit un effort sur lui-même.

— Mais, dit-il, je croyais que ce bon bourgeois que j'ai vu sur sa terrasse, car c'est de lui sans doute que vous voulez parler, monsieur Boniface...

— De lui-même, le vieux coquin. Heim? qu'est-ce qui dirait ça de lui?

— Était son père, continua d'Harmental.

— Son père? Est-ce qu'elle a un père? mademoiselle Bathilde? Elle n'a pas de père!

— Ou du moins son oncle.

— Ah! son oncle! à la mode de Bretagne, peut-être! mais pas autrement.

— Monsieur, dit majestueusement madame Denis en sortant de la chambre de ses filles qu'elle avait consignées sans doute au plus profond de leur appartement, je vous avais prié, une fois pour toutes, de ne jamais dire de paroles légères devant mesdemoiselles vos sœurs.

— Ah! bien oui! dit Boniface, continuant d'aller à travers choux, Mesdemoiselles mes sœurs! Est-ce que vous croyez qu'à leur âge elles ne puissent pas entendre ce que je dis là, surtout Émilie qui a vingt-trois ans!

— Émilie est innocente comme l'enfant qui vient de naître, Monsieur! dit madame Denis en reprenant sa place entre Brigaud et d'Harmental.

— Innocente! Oui, comptez là dessus, mère Denis, et buvez de l'eau! J'ai trouvé un joli roman dans la chambre de notre innocente, allez, pour un temps de carême. Je vous le montrerai, papa Brigaud, à vous qui êtes son confesseur. Nous verrons un peu si c'est vous qui lui avez permis de faire ses pâques là dedans.

— Tais-toi, méchant espiègle! dit l'abbé;

tu vois bien le chagrin que tu fais à ta mère!

En effet, madame Denis, suffoquée de honte de ce qu'une scène qui portait une pareille atteinte à la réputation de ses filles se fût passée devant un jeune homme sur lequel, avec cette lointaine prévoyance des mères, elle avait déjà peut-être jeté son dévolu, était près de se trouver mal.

Il n'y a rien à quoi les hommes croient moins qu'aux évanouissements des femmes, et cependant il n'y a rien à quoi ils se laissent prendre plus facilement. Au reste, qu'il y crût ou qu'il n'y crût pas, d'Harmental était trop poli pour ne pas donner, en pareille circonstance, une marque d'intérêt à son hôtesse. Il s'avança vers elle les bras étendus. Il en résulta que madame Denis ne vit pas plutôt un point d'appui qu'elle se laissa aller du côté où on le lui offrait, et que, penchant la tête en arrière, elle s'évanouit dans les bras du chevalier.

— L'abbé, dit d'Harmental, pendant que monsieur Boniface profitait de la circonstance pour fourrer dans ses poches tous les bonbons qui restaient sur la table, l'abbé, avancez donc un fauteuil!

L'abbé avança un fauteuil avec la lenteur tranquille d'un homme familier avec de pareils accidents, et qui, d'avance, est rassuré sur leur suite. On y assit madame Denis, et d'Harmental lui fit respirer des sels, tandis que l'abbé Brigaud lui frappait doucement dans le creux des mains; mais, malgré ces soins empressés, madame Denis ne paraissait nullement disposée à revenir à elle, quand tout à coup, au moment où l'on s'y attendait le moins, elle se dressa sur ses pieds, comme relevée par un ressort, et en jetant un grand cri. D'Harmental crut qu'une attaque de nerfs succédait à la faiblesse; il fut vraiment effrayé, tant il y avait un accent de vérité et de saisissement dans le cri qu'avait poussé la pauvre femme.

— Ce n'est rien, ce n'est rien! dit Boniface. Je viens seulement de lui couler l'eau qui restait dans la carafe dans le dos. C'est cela qui l'a réveillée. Vous voyez bien qu'elle ne savait plus comment faire pour revenir. Eh bien! quoi? continua l'impitoyable garnement en voyant que madame Denis le regardait avec des yeux terribles; c'est moi. Est-ce que tu ne me reconnais plus, mère Denis? C'est ton petit Boniface, qui t'aime tant.

— Madame, dit d'Harmental, fort embarrassé de la situation, je suis vraiment désolé de tout ce qui vient de se passer.

— Oh! Monsieur, s'écria madame Denis en fondant en larmes, je suis bien malheureuse!

— Allons, ne pleure pas, mère Denis! Tu es déjà assez mouillée, dit Boniface. Va plutôt changer de chemise, il n'y a rien de mauvais pour la santé comme d'avoir une chemise qui colle sur le dos.

— Cet enfant est plein de sens, dit Brigaud,

et je crois que vous feriez bien de suivre son conseil, madame Denis.

— Si j'osais joindre mes instances à celles de l'abbé, reprit d'Harmental, je vous prierais, Madame, de ne pas vous gêner pour nous. D'ailleurs le moment était venu de nous retirer, et nous allions prendre congé de vous.

— Et vous aussi, l'abbé? dit madame Denis en jetant un regard de détresse sur Brigaud.

— Moi, dit Brigaud, qui ne se souciait pas à ce qu'il paraît du rôle de consolateur. Je suis attendu à l'hôtel Colbert, et il faut absolument que je vous quitte.

— Adieu donc, Messieurs, dit madame Denis, en faisant une révérence à laquelle le liquide, versé par en haut et qui commençait à couler par en bas, ôtait beaucoup de sa majesté.

— Adieu, la mère, dit Boniface en allant jeter avec l'assurance d'un enfant gâté ses deux bras autour du cou de madame Denis. Vous n'avez rien à faire dire à maître Joulu ?

— Adieu, mauvais sujet! répondit la pauvre femme en embrassant son fils, moitié souriante déjà et moitié fâchée encore, mais cédant à cette attraction à laquelle une mère ne peut résister. Adieu, et soyez sage !

— Comme une image, mère Denis, mais à la condition que tu nous feras un petit plat de douceurs pour le dîner, hein?

Et le troisième clerc de maître Joulu revint en gambadant rejoindre l'abbé Brigaud et d'Harmental, qui étaient déjà sur le palier.

— Eh bien, eh bien, petit drôle ! dit l'abbé en portant vivement la main à la poche de sa veste, qu'as-tu à faire par-là ?

— Ne faites pas attention, papa Brigaud ; je regarde seulement s'il ne reste pas dans votre gousset un petit écu pour votre ami Boniface.

— Tiens, dit l'abbé, en voilà un gros ; laisse-nous tranquilles et va-t-en.

— Papa Brigaud, dit Boniface dans l'effusion de sa reconnaissance, vous avez un cœur de cardinal, et si le roi ne vous fait qu'archevêque, eh bien! parole d'honneur, vous serez volé de moitié. Adieu, monsieur Raoul, continua-t-il en s'adressant au chevalier avec la même familiarité que s'il le connaissait depuis dix ans. Je vous le répète, prenez garde à mademoiselle Bathilde si vous voulez garder votre cœur, et jetez-moi une bonne boulette à Mirza, si vous tenez à vos mollets!

Et se pendant à la corde d'une main et à la rampe de l'autre, il descendit d'un seul élan les douze marches qui formaient le premier étage, et se trouva à la porte de la rue sans avoir touché une seule marche de l'escalier.

Brigaud descendit d'un pas plus tranquille derrière son ami Boniface, après avoir pris pour le soir, à huit heures, rendez-vous avec le chevalier. Quant à d'Harmental, il remonta tout pensif dans sa mansarde.

XIV.

LE RUBAN PONCEAU.

Ce qui occupait l'esprit du chevalier, ce n'était ni le dénoûment du drame où il avait choisi un rôle si important, et qui semblait s'approcher, ni la précaution admirable qu'avait prise l'abbé Brigaud de le loger dans une maison où il avait l'habitude, depuis dix ans, de venir à peu près tous les jours; si bien que ses visites, devinssent-elles plus fréquentes encore, ne pouvaient être remarquées. Ce n'était ni la diction majestueuse de madame Denis, ni le soprano de mademoiselle Emilie, ni le contralto de mademoiselle Athénaïs, ni les espiégleries de M. Boniface : c'était tout bonnement la pauvre Bathilde qu'il venait d'entendre traiter si lestement chez son hôtesse.

Mais notre lecteur se tromperait fort s'il croyait que la brutale accusation de M. Boniface eût porté atteinte le moins du monde aux sentiments encore confus et inexpliqués que le chevalier ressentait pour la jeune fille. Le premier mouvement avait bien été une impression pénible, un sentiment de dégoût; mais en y réfléchissant, il ne lui avait fallu que quelques secondes pour comprendre qu'une pareille alliance était impossible. Le hasard peut, à la rigueur, faire naître une fille charmante d'un père sans distinction ; la nécessité peut réunir une femme jeune et élégante à un mari vieux et vulgaire ; mais il n'y a que l'amour ou l'intérêt qui fasse de ces liaisons en dehors de la société, comme on en supposait une entre la jeune fille du quatrième et le bourgeois de la terrasse. Or, entre ces deux êtres si opposés en toutes choses, il ne pouvait exister d'amour ; et quant à l'intérêt, la chose était encore moins probable, car si leur situation ne descendait pas jusqu'à la misère, elle ne s'élevait certes pas au-dessus de la médiocrité ; et non point même de cette médiocrité dorée dont parle Horace, et qui donne une maison de campagne à Tibur ou à Montmorency ; qui résulte d'une pension de trente mille sesterces sur la cassette d'Auguste, ou d'une inscription de six mille francs sur le grand livre ; mais de cette pauvre et chétive médiocrité qui ne permet de vivre qu'au jour le jour, et que l'on n'empêche de descendre à une pauvreté réelle, que par un travail incessant, nocturne et acharné.

La seule moralité qui fut ressortie de tout ceci, était donc pour d'Harmental la certitude que Bathilde n'était ni la fille, ni la femme, ni la maîtresse de ce terrible voisin, dont la vue avait suffi jusque-là pour produire une si étrange réaction sur l'amour naissant du chevalier. Donc, si elle n'était ni l'une ni l'autre de ces trois choses, il y avait un mystère sur la naissance de Bathilde, et s'il y avait un mystère sur cette naissance, Bathilde n'était pas ce qu'elle paraissait être. Dès lors tout s'expliquait : cette beauté aristocratique, cette grace charmante, cette éducation achevée cessaient d'être une énigme sans mot. Bathilde était au dessus de la position qu'elle était momentanément forcée d'occuper ; il y avait eu dans la destinée de cette jeune fille, de ces bouleversements de fortune qui font pour les individus ce que les tremblements de terre font pour les villes : quelque chose s'était écroulé dans sa vie, qui l'avait forcée de descendre jusqu'à la sphère inférieure où elle végétait, et elle était comme ces anges déchus qui sont obligés de vivre quelque temps de la vie des hommes, mais qui n'attendent que le jour où Dieu leur rendra leurs ailes pour remonter aussitôt au ciel.

Le résultat de tout ceci était que le chevalier pouvait, sans perdre de sa considération à ses propres yeux, devenir amoureux de Bathilde. Lorsque le cœur est aux prises avec l'orgueil, il a des ressources admirables pour tromper son hautain et grondeur ennemi. Du moment où Bathilde avait un nom, elle était classée et ne pouvait sortir de ce cercle de Popilius que la famille avait tracé autour d'elle; mais dès lors qu'elle n'avait ni nom ni famille, dès lors que, de la nuit qui l'entourait elle pouvait sortir resplendissante de lumière, rien n'empêchait plus que l'imagination de l'homme qui l'aimait ne l'élevât dans son espérance à une hauteur à laquelle elle n'eût pas même osé atteindre du regard.

En conséquence, loin de suivre l'avis que lui avait si amicalement donné M. Boniface, la première chose que fit d'Harmental en rentrant chez lui fut d'aller droit à sa fenêtre et de voir en quel état était celle de sa voisine : la fenêtre de sa voisine était toute grande ouverte.

Si l'on eût dit huit jours auparavant au chevalier qu'une chose aussi simple qu'une fenêtre ouverte, ferait jamais battre son cœur, il eût certes joyeusement ri d'une pareille supposition. Cependant il en était ainsi, car après avoir appuyé un instant sa main sur sa poitrine, comme un homme qui respire enfin après une longue oppression, il s'accouda de l'autre au mur pour regarder par un coin, afin de voir la jeune fille sans être vu d'elle, car il craignait qu'en l'apercevant elle ne s'effarouchât comme la veille, de cette persistante attention dont elle était l'objet, et qu'elle pouvait attribuer à la seule curiosité.

Au bout d'un instant, d'Harmental s'aperçut que la chambre devait être solitaire, car l'active et légère jeune fille eût certes déjà passé et repassé dix fois devant ses yeux si elle n'eût été absente. D'Harmental ouvrit alors sa fenêtre à son tour, et tout le confirma dans sa supposition; il était même facile de voir que la main symétrique et rangeuse de la vieille ménagère venait de passer par la chambre, car le clavecin était hermétiquement fermé; la musique, ordinairement éparse, était réunie en un seul monceau, surmonté de trois ou quatre volumes qui, superposés selon qu'ils diminuaient de grandeur, formaient le faîte de la pyramide, et un magnifique morceau de guipure, soigneusement posé par le milieu sur le dos d'une chaise pendait parallèlement des deux côtés du dossier.

Du reste, cette supposition fut bientôt changée en certitude, car, au bruit qu'il fit en ouvrant sa fenêtre, d'Harmental vit poindre la tête fine de la levrette, qui, l'oreille toujours au guet, et digne de l'honneur que lui avait fait sa maîtresse en la constituant gardienne de la maison, s'était réveillée, et qui regardait en se dressant sur son coussin quel était l'importun qui venait ainsi troubler son sommeil.

Grâce à l'indiscrète basse-taille du bonhomme à la terrasse, et à la rancune prolongée de M. Boniface, le chevalier savait déjà deux choses fort importantes à savoir, c'est que sa voisine se nommait Bathilde, douce et euphonique appellation, parfaitement appropriée à une jeune fille belle, gracieuse et élégante, et que la levrette s'appelait Mirza, nom qui lui paraissait tenir un rang non moins distingué dans l'aristocratie de la race canine.

Or, comme rien n'est à dédaigner quand on veut se rendre maître d'une forteresse, et que la plus infime intelligence dans la place est souvent plus efficace pour amener sa reddition que les plus terribles machines de guerre, d'Harmental résolut de commencer par se mettre en relation avec la levrette, et de l'inflexion la plus douce et la plus caressante qu'il pût donner à sa voix, il appela — Mirza !

Mirza, qui s'était indolemment couchée sur son coussin, releva vivement la tête avec une expression d'étonnement parfaitement indiquée; en effet, il devait paraître assez étrange à la fine et intelligente petite bête qu'un homme, qui lui était aussi parfaitement inconnu que le chevalier, se permît de l'appeler à brûle-pourpoint par son nom de baptême; aussi se contenta-t-elle de fixer sur lui des yeux inquiets, qui, dans la demi-teinte où elle était placée, brillaient comme deux escarboucles, et de pousser, en piétinant des pattes de devant, un petit murmure sourd qui pouvait passer pour un grognement.

D'Harmental se rappela que le marquis d'Uxelle avait apprivoisé l'épagneul de mademoiselle Choin, lequel était une bête bien autrement acariâtre que toutes les levrettes du monde, avec des têtes de lapin rôties, et qu'il était résulté pour lui de cette délicate attention le bâton de maréchal de France; il ne désespéra donc point d'adoucir, par une séduction du même genre, la grondeuse réception que Mademoiselle Mirza avait faite à ses avances, et il se dirigea vers son sucrier en chantant entre ses dents :

> Des chiens admirez la puissance :
> A la cour leur crédit est bon.
> Et jamais maréchal de France
> N'a mieux mérité son bâton.

Puis il revint à la fenêtre armé de deux morceaux de sucre assez gros pour être divisés à l'infini.

Le chevalier ne s'était pas trompé : au premier morceau de sucre qui tomba près d'elle, Mirza alongea nonchalamment le cou, puis s'étant, à l'aide de l'odorat, rendu compte de la nature de l'appât qui lui était offert, elle étendit la patte vers lui, l'amena à la proximité de sa gueule, le prit du bout des dents, le fit passer des incisives aux molaires, et commença de le broyer avec cet air langoureux tout particulier à la race à laquelle elle avait l'honneur d'appartenir. Cette opération finie, elle passa sur ses lèvres une petite langue rose qui indiquait que, malgré son indifférence apparente, laquelle tenait sans doute à l'excellente éducation qu'elle avait reçue, elle n'était point insensible à la gracieuse surprise que lui avait ménagée son voisin. Aussi, au lieu de se recoucher sur son coussin comme elle l'avait fait la première fois, elle resta assise, bâillant avec une langueur pleine de morbidezza, mais remuant la queue en signe qu'elle était prête à se réveiller tout-à-fait, pour peu que l'on voulût payer son réveil de deux ou trois galanteries pareilles à celle qu'on venait de lui faire.

D'Harmental, qui était habitué aux façons de faire de tous king's chasles dog, des plus jolies femmes de l'époque, comprit à merveille les dispositions bienveillantes que mademoiselle Mirza exprimait à son égard, et ne voulant pas leur donner le temps de se refroidir, il lui jeta un second morceau de sucre, mais seulement avec le soin cette fois qu'il tombât assez loin d'elle pour qu'elle fût obligée de quitter son coussin pour l'aller chercher. C'était cette épreuve qui devait le fixer sur celui des deux péchés mortels, la paresse ou la gourmandise, auquel celle dont il voulait faire sa complice avait le cœur le plus enclin. Mirza resta un instant incertaine, mais la gourmandise l'emporta et elle s'en alla au fond de la chambre chercher le morceau de sucre qui avait roulé sous le clavecin : en ce moment un troisième morceau tomba tout près de la fenêtre, et Mirza, toujours subissant les lois de l'attraction, marcha du second au troisième comme elle avait marché du premier au second ; mais là s'arrêta la libéralité du chevalier : il croyait avoir assez donné déjà pour que l'on commençât de lui rendre quelque chose, et alors il se contenta d'appeler une seconde fois, mais cependant d'un ton plus impératif que la première : — Mirza! et il lui montra les autres morceaux qui étaient dans le creux de sa main.

Mirza, cette fois, au lieu de regarder le chevalier avec inquiétude ou dédain, se leva sur ses pattes de derrière, posa ses pattes de devant sur le rebord de la fenêtre, et commença à lui faire les mêmes mines qu'elle eût faites à une ancienne connaissance : c'était fini, Mirza était apprivoisée.

Le chevalier remarqua qu'il lui avait fallu

juste le même temps pour arriver à ce résultat qu'il eut mis à séduire une femme de chambre avec de l'or ou une duchesse avec des diamants.

Alors ce fut à lui à son tour de faire le dédaigneux avec Mirza, et de lui parler pour l'habituer à sa voix. Cependant, craignant de la part de son interlocuteur, qui soutenait de son mieux le dialogue par de petites plaintes sourdes et de petits grognements calins, un retour de fierté, il lui jeta un quatrième morceau de sucre sur lequel elle s'élança avec une d'autant plus grande activité qu'on le lui avait fait attendre davantage, et sans être appelée cette fois, elle revint d'elle-même prendre sa place à la fenêtre.

Le triomphe du chevalier était complet.

Si complet que Mirza, qui la veille avait donné des signes d'intelligence si supérieure lorsqu'elle avait indiqué, en regardant dans la rue, le retour de Bathilde, et en courant vers la porte, son ascension dans l'escalier, n'indiqua cette fois ni l'un ni l'autre, si bien que sa maîtresse, entrant tout à coup, la surprit au beau milieu des agaceries qu'à son tour elle faisait à son voisin. Il est juste de dire cependant qu'au bruit que fit la porte en s'ouvrant, Mirza, si préoccupée qu'elle fût, se retourna, et reconnaissant Bathilde, ne fit qu'un bond jusqu'à elle, lui prodiguant ses caresses les plus tendres; mais une fois cette espèce de devoir accompli, ajoutons, à la honte de l'espèce, que Mirza se hâta de revenir à sa fenêtre. Cette action inaccoutumée de la part de sa levrette guida naturellement les yeux de Bathilde vers la cause qui la déterminait. Ses yeux rencontrèrent ceux du chevalier. Bathilde rougit, le chevalier salua, et Bathilde, sans trop savoir ce qu'elle faisait, rendit le salut qu'elle venait de recevoir.

Le premier mouvement de Bathilde fut alors d'aller à la fenêtre et de la fermer. Mais un sentiment instinctif la retint : elle comprit que c'était donner de l'importance à une chose qui n'en avait aucune, et que se mettre en défense c'était avouer qu'elle se croyait attaquée. En conséquence, elle traversa sans affectation sa chambre et disparut dans la partie où ne pouvaient plonger les regards de son voisin. Puis, au bout de quelques instants, lorsqu'elle se hasarda à revenir, elle vit que c'était lui qui avait fermé la sienne. Bathilde comprit ce qu'il y avait de discrétion dans cette action de d'Harmental, et elle lui en sut gré.

En effet, le chevalier venait de faire un coup de maître : dans la situation peu avancée où il en était avec sa voisine, les deux fenêtres proches comme elles étaient l'une de l'autre, ne pouvaient pas rester ouvertes à la fois : or si c'était la fenêtre du chevalier qui restait ouverte, c'était celle de sa voisine qui nécessairement se fermait, et avec quelle herméticité se fermait cette malheureuse fenêtre ; le chevalier en savait quelque chose ; pas moyen d'apercevoir même le bout du nez de Mirza derrière les rideaux qui la calfeutraient, tandis que, si au contraire c'était la fenêtre de d'Harmental qui était close, il devenait possible que ce fût celle de sa voisine qui restât ouverte ; et alors il la voyait aller, venir, travailler : ce qui était une grande distraction, qu'on y songe bien, pour un pauvre diable condamné à la réclusion la plus absolue d'ailleurs ; il avait fait un pas immense près de Bathilde ; il l'avait saluée, et Bathilde lui avait rendu son salut. Donc ils n'étaient plus étrangers tout à fait l'un à l'autre, il y avait entre eux commencement de connaissance, mais pour que cette connaissance suivît une marche progressive à moins de circonstance particulière, il ne fallait rien brusquer ; risquer une parole après le salut, c'était risquer de se perdre ; mieux valait faire croire à Bathilde que le hasard seul aurait tout fait. Bathilde ne le crut pas, mais sans inconvénient elle pouvait avoir l'air de le croire. Il en résulta que Bathilde laissa sa fenêtre ouverte, et voyant celle de son voisin fermée, vint s'asseoir près de la sienne un livre à la main.

Quant à Mirza elle sauta sur le tabouret qui était aux pieds de sa maîtresse et qui lui servait de siége. Mais au lieu d'alonger comme elle avait l'habitude de le faire sa tête sur les genoux arrondis de la jeune fille, elle la posa sur le bord anguleux de la fenêtre, tant elle était préoccupée de ce généreux inconnu qui maniait ainsi le sucre à pleines mains.

Le chevalier s'assit au milieu de sa chambre, prit ses pastels, et grâce à un petit coin de son rideau adroitement relevé, il dessina le délicieux tableau qu'il avait sous les yeux.

Malheureusement, c'était l'époque des courtes journées; aussi, vers les trois heures, le peu de lumière que les nuages et la pluie laissaient descendre du ciel sur la terre commença de baisser, et Bathilde ferma sa fenêtre ; néanmoins, si peu de temps qu'eût le chevalier, toute la tête de la jeune fille était déjà achevée et d'une ressemblance parfaite, car on sait combien le pastel est propre à reproduire ces types fins et délicats qu'alourdit toujours un peu la peinture : c'étaient les cheveux ondoyants de la jeune fille, c'était sa peau fine et transparente, c'était la courbe onduleuse de son beau cou de cygne, c'était enfin toute la hauteur où l'art peut atteindre, quand il a devant lui un de ces inimitables modèles qui font le désespoir des artistes.

A la nuit close, l'abbé Brigaud arriva. Le chevalier et lui s'enveloppèrent dans leurs manteaux et s'acheminèrent vers le Palais-Royal ; il s'agissait, comme on se le rappelle, d'examiner le terrain.

La maison qu'était venue habiter madame de Sabran, depuis que son mari avait été nommé maître-d'hôtel du régent, était située au n° 22, entre l'hôtel de la Roche-Guyon et le passage appelé autrefois passage du Palais-Royal, parce que ce passage était le seul qui communiquât de la rue des Bons-Enfants à la rue de Valois. Ce passage, qui a changé de nom depuis cette époque, et qui s'appelle aujourd'hui passage du Lycée, se fermait en même temps que les autres grilles du jardin, c'est-à-dire à onze heures précises du soir; il en résultait qu'une fois entrés dans une maison de la rue des Bons-Enfants, si cette maison n'avait pas une seconde sortie sur la rue de Valois, ceux qui avaient besoin, passé onze heures, de revenir de cette maison au Palais-Royal étaient forcés de faire le grand tour, soit par la rue Neuve-des-Petits-Champs, soit par la cour des Fontaines.

Or, il en était ainsi de la maison de madame de Sabran : c'était un délicieux petit hôtel bâti vers la fin de l'autre siècle, c'est-à-dire vingt ou vingt-cinq années auparavant, par je ne sais quel traitant, qui avait voulu singer les grands seigneurs et avoir comme eux sa petite maison. Elle se composait donc en tout d'un rez-de-chaussée et d'un premier étage surmontés d'une galerie de pierre sur laquelle s'ouvraient des mansardes de domestiques, et terminés par un toit de tuiles bas et légèrement incliné; au dessous des fenêtres du premier étage régnait un large balcon formant une saillie de trois ou quatre pieds et s'étendant d'un bout à l'autre de la maison; seulement des ornements en fer pareils au balcon et qui s'élevaient jusqu'à la terrasse séparaient les deux fenêtres de chaque coin des trois fenêtres du milieu, comme cela arrive souvent dans les maisons où l'on veut interrompre les communications extérieures : au reste, les deux façades étaient exactement pareilles; seulement comme la rue de Valois est plus basse de huit ou dix pieds que celle des Bons-Enfants, les fenêtres et la porte du rez-de-chaussée s'ouvraient de ce côté sur une terrasse dont on avait fait un petit jardin, qui au printemps se garnissait de charmantes fleurs, mais qui ne communiquait point autrement avec la rue qu'il dominait : la seule entrée et la seule sortie de l'hôtel donnait donc, ainsi que nous l'avons dit, dans la rue des Bons-Enfants.

C'était tout ce que pouvaient désirer de mieux nos conspirateurs. En effet, une fois le régent entré chez madame de Sabran, pourvu qu'il y vînt à pied, ce qui était possible, et qu'il en sortît passé onze heures, ce qui était probable, il était pris comme dans une souricière, puisqu'il fallait absolument qu'il sortît par où il était entré, et que rien n'était plus facile que de faire un coup de main, comme celui qui était prémédité, dans la rue des Bons-Enfants, l'une des plus désertes et des plus sombres des environs du Palais-Royal.

De plus, comme à cette époque, ainsi qu'aujourd'hui, cette rue était entourée de maisons fort suspectes et fréquentées en général par une assez mauvaise compagnie, il y avait cent à parier contre un que l'on ne ferait pas grande attention à des cris, trop fréquents dans cette rue pour que l'on s'en inquiétât, et que si le guet arrivait, ce serait, selon l'habitude de cette estimable milice, assez tard et assez lentement pour qu'avant son intervention tout fût déjà fini.

L'inspection du terrain finie, les dispositions stratégiques arrêtées et le numéro de la maison pris, d'Harmental et l'abbé Brigaud se séparèrent, l'abbé pour aller à l'Arsenal rendre compte à madame du Maine des bonnes dispositions où était toujours le chevalier, et d'Harmental pour rentrer dans sa mansarde rue du Temps-Perdu.

Comme la veille, la chambre de Bathilde était éclairée ; seulement cette fois la jeune fille ne dessinait pas, mais était occupée d'un travail d'aiguille; à une heure du matin seulement la lumière s'éteignit. Quant au bonhomme de la terrasse, il était déjà depuis long-temps remonté chez lui lorsque d'Harmental était rentré.

Le chevalier dormit mal. On ne se trouve pas entre un amour qui commence et une conspiration qui s'achève sans éprouver certaines sensations inconnues jusqu'alors et peu favorables au sommeil : cependant, vers le matin la fatigue l'emporta, et il ne se réveilla qu'en se sentant secouer assez fortement par le bras. Sans doute le chevalier faisait dans ce moment quelque mauvais rêve, dont cette secousse lui sembla la suite, car, à moitié endormi encore, il porta la main à des pistolets qui étaient sur sa table de nuit.

— Eh! eh! s'écria l'abbé. Un instant, jeune homme; peste, comme vous y allez. Ouvrez les yeux tout grands; bien, c'est cela, me reconnaissez-vous?

— Ah! ah! dit d'Harmental en riant, c'est vous, l'abbé. Ma foi, vous avez bien fait de m'arrêter en chemin ; vous tombez mal : je rêvais qu'on venait m'arrêter.

— Bon signe, reprit l'abbé Brigaud, bon signe ; vous savez que tout rêve est une contre-vérité : tout ira bien.

— Est-ce qu'il y a quelque chose de nouveau, demanda d'Harmental.

— Et si quelque chose existait, comment l'accueilleriez-vous ?

— Ma foi, j'en serais enchanté, dit d'Harmental. Quand on a entrepris une pareille chose, le plutôt qu'on peut en finir est le mieux.

— Eh bien ! alors, dit Brigaud en tirant un papier de sa poche et en le présentant au chevalier, lisez et glorifiez le nom du seigneur, car vous êtes servi à souhait.

D'Harmental prit le papier, le déplia avec le même calme que s'il se fût agi de la chose la plus insignifiante, et lut à demi-voix ce qui suit :

Rapport du 27 mars, 2 heures du matin.

« Cette nuit, à dix heures, M. le régent a reçu un courrier de Londres qui lui annonce pour demain 28 l'arrivée de l'abbé Dubois. Comme par hasard, M. le régent soupait chez Madame, la dépêche a pu lui être remise malgré l'heure avancée. Quelques instants auparavant, mademoiselle de Chartres avait demandé à son père la permission d'aller faire ses dévotions à l'abbaye de Chelles, et il avait été convenu que le régent l'y conduirait; mais, au reçu de la lettre, cette détermination a été changée, et M. le régent a fait écrire au conseil de se réunir aujourd'hui à midi.

« A trois heures, M. le régent ira saluer Sa Majesté aux Tuileries; il lui a fait demander un entretien en tête-à-tête, car il commence à s'impatienter de l'entêtement de M. le maréchal de Villeroy qui prétend toujours devoir être présent lors des entrevues de M. le régent et de Sa Majesté. Le bruit court sourdement que, si cet entêtement continue, les choses pourront bien mal tourner pour le maréchal.

« A six heures, M. le régent, le chevalier de Simiane et le chevalier de Ravanne vont souper chez madame de Sabran. »

—Ah! ah! fit d'Harmental.

Et il relut les deux dernières lignes en pesant sur chacun des mots.

— Eh bien! que pensez-vous de ce petit paragraphe? dit l'abbé.

Le chevalier sauta en bas de son lit, passa sa robe de chambre, tira du tiroir de sa commode un ruban ponceau, prit sur son secrétaire un marteau et un clou, et ayant ouvert sa fenêtre, non sans jeter à la dérobée un coup-d'œil sur celle de sa voisine, il cloua le ruban contre le mur extérieur.

— Voici ma réponse, dit le chevalier.

— Que diable cela veut-il dire?

— Cela veut dire, reprit d'Harmental, que vous pouvez aller annoncer à madame la duchesse du Maine que j'espère accomplir ce soir la promesse que je lui ai faite. Et maintenant allez-vous-en, mon cher abbé, et ne revenez que dans deux heures, car j'attends quelqu'un qu'il est mieux que vous ne rencontriez pas ici.

L'abbé qui était la prudence même ne se fit pas répéter l'avis à deux fois; il prit son chapeau, serra la main du chevalier et sortit en toute hâte.

Vingt minutes après le capitaine Roquefinette entra.

FIN DU PREMIER VOLUME.

www.ingramcontent.com/pod-product-compliance
Lightning Source LLC
Chambersburg PA
CBHW060654170426
43199CB00012B/1782